Schöne Gärten mit Kletterpflanzen

Helga und Adolf Bohlmann

Schöne Gärten mit Kletterpflanzen

Originelle Kletterhilfen selber bauen
Die schönsten Kletterer im Porträt

AUGUSTUS

Impressum

Die Deutsche Bibliothek – CIP-Einheitsaufnahme

Schöne Gärten mit Kletterpflanzen: originelle Kletterhilfen selber bauen; die schönsten Kletterer im Porträt; traumhafte Gartenräume schaffen / Helga Bohlmann. [Ill.: Svetlana Safronowa] – Augsburg: Augustus-Verlag, 2000 (Praktische Garten-bibliothek)
ISBN 3-8043-7141-8

Die Autoren: Helga Bohlmann ist Gärtnerin und betreut als Journalistin seit vielen Jahren die Gartenseite einer bekannten Familienzeitschrift. Unter anderem wirkte sie auch an der Landesgartenschau in Neumarkt in der Oberpfalz mit. Ihre Liebe zu Gärten teilt sie mit ihrem Mann. Beide gärtnern leidenschaftlich gerne in ihrem eigenen Zier- und Nutzgarten.

Dieses Buch folgt den Regeln der neuen deutschen Rechtschreibung

Augustus Verlag, München 2000

Umschlaggestaltung: Vera Faßbender, Augustus Verlag
Umschlagfotos: Bild-Agentur Srauß (vorne), W. Redeleit (hinten)
Illustrationen: Svetlana Safronowa, Augsburg; H. und A. Bohlmann, Berg
Layout und Satz: gesetzt aus der Thesis Mix Light 10 / 12 pt von Oliver Linke, Zentralbüro für Gestaltung, Augsburg
Reproduktion: Typework Layoutsatz & Grafik GmbH, Augsburg
Druck und Bindung: Egedsa S.A., Sabadell (CTP-Druckverfahren)
gedruckt auf chlorfrei gebleichtem Papier

Printed in Spain

ISBN 3-8043-7141-8

Erläuterungen der Piktogramme

- winterhart
- nicht winterhart
- Winterschutz erforderlich
- immergrün
- sommergrün
- rauchhart
- blattzierend
- Vasenschmuck
- Standort Halbschatten
- Standort Schatten
- Standort Sonne
- Topf- oder Kübelpflanze
- Bodendecker
- einjährige Pflanze
- mehrjährige Pflanze
- Höhe
- Blütezeit

Bildnachweis

K. Adams: Seite 1, 27 o. und u., 28, 31 o., 38, 48 u. l., 60 u., 65 l., 67 r. o. und u., 70 l.u., 83 l., 98 l.u. und o.l., 110 r.o. und r.M., 114 r., 123 r.o. und r.u., 127 r.u., 129 o., 130 r., 131 o.r., 132 l.o. und u. und r.;
F. v. Berger: Seite 108 l.
H. Bohlmann: Seite 61, 70 l.o., 101 l., 117. M.
Garpa: Seite 78 l.
F. Hecker: Seite 9, 10 l. und r., 25, 98 o.r., 99 o., 108 r., 113 l., 127 r.o., 128 l.
P. Himmelhuber: Seite 7 r., 13 u., 15, 22 u., 23, 31 r. u., 55, 56 o., 60 o., 65 r.u., 68 r., 76 u., 78 r., 92, 93 u.r. und l., 94 r., 96 o., 104 l., 106 u., 109 l., 111 r., 113 r., 115 o., 116 o.r. und l., 118 l., 122 o.r., 123 l.o., 126 r., 128 r.M., 129 u., 130 l., 131 u., 132 u., 133 u.
R. König: Seite 118 r., 120
C. Kordas: Seite 30 r. und l., 31 u., 51 u., 70 l.M., 91, 98 l.o., 105 r. und u., 111 o., 112 u., 119 M. und r., 122 r.u., 123 M.l., 127 l.M., 128 r.o., 133 o.
R. Krieg: Seite 81
H. E. Laux: Seite 69 M. und r., 104 r., 105 o., 106 o., 107, 110 o., 112 o., 117 l., 119 l., 122 o.l. und o.M., 123 r.M., 128 r.u.
Nature & Science: Seite 102, 103
PhotoPress: Seite 2, 13 o., 26 r. M und r.u., 36 l., 49, 62 M., 68 l., 70 o., 72, 123 l.u.
W. Redeleit: Seite 6, 7 l. o. und u., 12 l. und r., 14, 17, 19, 20, 22 o., 24, 26 l. und r.o., 29, 32 o. r. und l. und u., 34, 35 r. und l., 36 r., 39, 51 o., 52 o. und M., 54, 56 M. und u., 58 l. und r., 62 l., 65 r.o., 67 l., 69 l., 73, 75, 79, 80 o. und u., 82, 94 l., 96 u., 97, 99 u., 100 l. und r., 101 r., 110 r.u., 115 u., 118 M., 122 u., 126 l., 131 o.l.
K. Reithmaier: Seite 42, 43 o. und o., 44 (3x), 45 (5x), 46 (3x), 47 (4x)
H. Reinhard: Seite 114 l., 121, 124, 125
S. Seidl: Seite 52 u., 109 r.o. und r.u., 116 u., 117 r.
J. Stork: Seite 83 r.
Bildagentur Strauß: Seite 8, 33, 76 o.
F. Strauß: Seite 62 r., 74

Einleitung 6

Von Schlingern, Würgern und Klimmern 8

Wie Kletterpflanzen überleben 10

Wo Kletterpflanzen sich wohl fühlen 14

Eine kleine Bodenkunde 16
Eine Frage des Standorts 20
Ins rechte Licht gerückt 22
Stütze muss sein 24

Pflanzen und pflegen 32

Gut gepflanzt ist halb gewonnen 34
Pflege: Was unbedingt sein muss 36
In Form gebracht 38
Schädlinge und Krankheiten 42

Schöne Pflanzideen für den Garten 48

Originelle Kletterhilfen im Eigenbau 78

Kletterhilfen selber bauen 80
Was wir selber bauen können 81

Die schönsten Pflanzen im Porträt 96

Selbstklimmer 98
Schlinger 102
Rankende Kletterer 116
Spreizklimmer 124

Anhang 134

Tabellen 134
Bezugsquellen/Literatur 142
Register 143

Einleitung

Kletterpflanzen zählen mit zu den ältesten und urtümlichsten Pflanzen der Erde. In ihrem natürlichen Streben nach Licht haben sie sich in Urwäl-dern früh behauptet, besser, als manch andere Pflanze es je vermochte. Dadurch, dass sie schneller als andere dem Licht entgegenwachsen können, haben sie ihr Überleben und ihren Bestand bis in die heutige Zeit gesichert.
Bei uns Menschen stehen Kletterpflanzen ebenfalls seit jeher hoch im Kurs.
So sollen bereits die alten Babylonier in den berühmten hängenden Gärten der Semiramis Kletterpflanzen gepflegt haben. Auch Griechen und Römer verschönerten Säulengänge mit ihnen und im islamischen Raum legte man um Paläste märchenhafte Gärten mit weiträumig berankten Pergolen und Mauern an.
Den Chinesen war der Garten »Ureinheit von Menschenseele und Element«. In den Prunkgärten der Tschon-Kaiser sollen Kletterpflanzen bereits um 2000 vor Christus eine große Rolle gespielt haben. In unseren Breiten werden zur Zeit Karls des Großen in den Gärten zu Worms, Aachen und Ingelheim herrlich berankte Rosenlauben erwähnt; in Italien und Frankreich waren zur Zeit der Renaissance berankte Laubengänge unverzichtbare architektonische Elemente.
Bei uns wurden viele Gartenpflanzen, darunter auch Kletter-

Links: Efeu wurde in Parkanlagen sowohl als Bodendecker als auch zur Berankung von Mauern, Fassaden und den üblichen großen Torbögen angepflanzt.

Mitte: Das alte Bürgerhaus im Kleid der Jungfernrebe wirkt wie der Teil eines Märchenschlosses.

Rechts oben: Es entstanden romantische Treppenaufgänge und Wege, die man in das Gesamtbild einzufügen wusste.

Rechts unten: Manche städtischen Anlagen bekamen einen Charakter, der an die großen Parkanlagen der Schlösser erinnerte und die Bürger in Staunen versetzte.

pflanzen, erst im 18. Jahrhundert bekannt. Zur Verschönerung der Städte wurden erstmals weiträumige öffentliche Parkanlagen angelegt. So entstanden in Berlin der Tiergarten, in München der Englische Garten, Gärten in Weimar, in Hannover und zahlreichen anderen Städten.
Diese Parkanlagen wurden Vorbild für die bürgerlichen Gärten mit Gestaltungselementen wie berankten falschen Ruinen, Gartenlauben und Laubengängen. Efeu, Geißblatt, Wein und Kletterrosen wurden beliebt und immer wieder eingesetzt, und man ersann immer neue Kombinationen und Gestaltungsformen.
Heute ist es verhältnismäßig vielen Menschen möglich, einen eigenen Garten zu bestellen. Diesem kommt in einer von Stress und Umweltverschmutzung geprägten Zeit eine wichtigere Rolle denn je zu.
Und besonders Kletterpflanzen sind hier vielseitig einsetzbar – etwa als Bodendecker, wo sie Unkraut gar nicht erst hochkommen lassen und schon mal betreten werden dürfen, oder als Kletterer an Fassaden, Mauern, Lauben und Pergolen, wo sie zu einer wahren Augenweide werden können.
Aber immer noch kursieren Vorurteile gegen schön begrünte Fassaden, obwohl keines der vorgebrachten Argumente logisch und vernünftig ist.
Tatsächlich filtert unsere grüne Fassade den Staub aus der Luft, regelt die Verdunstung und verbessert so unsere Atemluft. Zur Beruhigung unseres Nervenkostüms dämpft sie den Straßenlärm und gibt unserem Häuschen seinen eigenen Reiz.
Schimpfen Sie nicht über eklige Spinnen und schreckliche Käfer. In Wahrheit sind das sehr nützliche Tierchen, ebenso wie Bienen, Hummeln, Schmetterlinge oder Amsel, Meise, Fink und Rotschwanz. Sie alle finden im dichten Laub ausgezeichnete Lebensbedingungen und verputzen täglich enorme Mengen der wirklichen Schädlinge.
Und noch ein gutes Argument gibt es für die grüne Fassade. Sie macht unsere Räume im Sommern erfrischend kühl und hält im Winter die Kälte ab, was sich auf unsere Heizkosten sicherlich positiv auswirkt. Sie schützt außerdem das Mauerwerk vor Regen, Schnee und Frost und beugt durch diesen Feuchte- und Temperaturausgleich Rissbildungen und Putzschäden vor.
Immer noch werden Kletterpflanzen in unseren Gärten viel zu wenig angepflanzt oder in den wenigen bekannten Arten recht phantasielos gezogen. Hier sollte der Gärtner viel mehr den Reichtum an originellen Gewächsen nutzen, es muss ja nicht immer Wein oder die übliche Glyzine sein.

Kletterpflanzen sind ein wunderschönes Geschenk der Natur!

Von Schlingern, Würgern und Klimmern

Bezaubernde Überlebens-künstler

Rechts: Wer nicht lenkend und formend das Wachstum seines Kletterers – hier Efeu – begleitet, wird schon bald feststellen, dass er der Pflanze hoffnungslos unterlegen ist.

Links: Gewaltig blüht diese Glyzine und verwandelt das alte Gemäuer in einen verzauberten Ort.

Alle wollen sie hoch hinaus, alle streben nach Licht. Kletterpflanzen bieten eine ungeheure Vielfalt an Formen, Blättern und Blüten. Sie sind Akrobaten, mit deren Hilfe jeder Garten dreidimensional gestaltet werden kann. Manchmal als »Enfant terrible« angesehen, bezirzen sie mit ihrer Pracht bald jeden Gegner.

Sie schaffen Atmosphäre, und verzaubern stille Orte. Sie sind die Lebenskünstler unter den Pflanzen.

Wie Kletterpflanzen überleben

Hoch hinaus dem Licht entgegen

Im Kampf um das Überleben und um Licht streben Kletterpflanzen in die Höhe. Und das tun sie mit Vehemenz und einer gewissen Brutalität, denn wer in den Tiefen der Wälder überleben will ist verloren, wenn er das Licht nicht in kürzester Zeit erreicht. Hieraus erklärt sich das in einer Saison oft enorme Wachstum vieler Kletterer und der ständig notwendige Rückschnitt, will man sie unter Kontrolle halten.
Für denjenigen, der im eigenen Garten solche Kletterer heimisch machen will, ergeben sich aus der Lebensweise der Kletterpflanzen an ihrem natürlichem Standort zwei wesentliche Forderungen: Erstens sollte er darauf achten, dass der Fuß seiner Pflanzen möglichst im Schatten steht, der Kopf dagegen genügend Licht erhält. Und zweitens sollte er den Pflanzen zeigen, wohin sie sich auszubreiten haben, indem er ihnen von Anfang an eine Kletterhilfe als Wegweiser gibt.
Kletterpflanzen haben in ihrem Überlebenskampf ganz eigene, erstaunliche Techniken entwik-

Mit seinen aus Rankenenden geformten Haftscheiben zieht sich der Wilde Wein selbst an glatten Marmorsäulen empor.

Mit Hilfe von Haftwurzeln krallt sich der Efeu fest und zieht sich empor.

kelt. Nur wenige Arten wachsen einfach so drauflos, in der Hoffnung, irgendwo auf eine Hilfe zu stoßen. Viele haben regelrechte Organe ausgebildet, mit deren Hilfe sie rücksichtslos alles als Rankhilfe benutzen, was sie hoch und ans Licht bringen könnte. Diese unterschiedlichen Organe führen zu einer Unterteilung der Kletterpflanzen in Selbstklimmer, Schlinger, Ranker und Spreizklimmer.

Selbst ist der Klimmer

Selbstklimmer oder Wurzelkletterer haben spezielle Haftwurzeln ausgebildet, die sich in der Wachstumsphase fest mit dem Untergrund – also dem Mauerwerk, Holzbalken oder der Baumrinde – verbinden. Diese »echten« Kletterpflanzen benötigen unsere Hilfe nicht, doch ab und an eine lenkende Hand, damit sie nicht ins Uferlose wachsen. Sie suchen sich ihr Ziel auch auf dem Boden über größere Wegstrecken. So kann man Efeu oft als dichten Teppich am Boden bewundern, um ihn dann an Zäunen, Mauern oder Baumstämmen emporschießen zu sehen.
Die ebenfalls zu den Selbstklimmern gehörende Jungfernrebe wendet eine andere Technik an: Sie bildet Ranken, die beim Auftreffen auf eine Wandfläche zu einem scheibenförmigen Haftorgan umgebildet werden. Durch Absondern einer klebrigen Flüssigkeit werden dann Ranke und Untergrund fest miteinander verklebt. Diese Technik lässt die Pflanze selbst auf glattem Glas oder Marmor haften.

Selbstklimmer: Ja oder Nein?

Ja bei ...

- intakten Klinker- und Ziegeloberflächen
- intakten unbeschichteten Kalk-Zementputzen
- rissfreien Rauputzoberflächen
- intakten unbeschichteten Betonoberflächen
- ordnungsgemäß saniertem Mauerwerk

Nein bei ...

- ständig feuchtem Mauerwerk
- Mauerwerk mit tiefer liegenden und ausgewitterten Fugen
- rissigen Putzen
- Aufplatzungen am Beton
- Flächen mit Kunststoffbeschichtungen
- Kunstharz- und Wärmedämmverputzen
- Fachwerkfassaden
- Holzoberflächen wie Bretter oder Schindeln

Selbstklimmer, Schlinger, Ranker und Spreizklimmer

Kletterform	Pflanzennamen
Wurzelkletterer	Efeu (alle Arten), Kletterhortensie, Trompetenblume, Kletternder Spindelstrauch, Spalthortensie (Sorten *hydrangeoides* und *integrifolium*)
Haftscheibenkletterer	Jungfernrebe (*Parthenocissus tricuspidata, quinquefolia* und *inserta*)
Schlinger und Winder	Akebie, Baumschlinge, Baumwürger, Beerentraube, Bittersüßer Nachtschatten, Pfeifenwinde alle Sorten des kletternden Geißblatts, Feuerbohne, Hopfen, Maurandie, Mondsame, Periplocasorten, Prunkwinde, Purpurglocke, Sternjasmin, Schlingknöterich, Schwarzäugige Susanne, Wattakakaschlinge, Zaunwinde, Glyzine
Ranker	*Clematis* (alle Sorten), Glockenrebe, Kapuzinerkresse, Passionsblume, Schönranke, Wein in verschiedenen Sorten, Zierkürbis
Spreizklimmer	Baumwürger (nur *Celastrus scandens*), Bougainvillea, Brombeere, Feuerdorn, alle Rosensorten, Winterjasmin

Schlinger und Winder – eine Frage der Richtung

Schlinger oder Winder besitzen keine speziellen Haftorgane. Sie umschlingen mit ihren Trieben und Stengeln alles, was sich ihnen bietet. Einen Draht, das Fallrohr der Regenrinne, die Rinne selbst, Holzstützen sowie Sträucher und Bäume nehmen sie für sich in Besitz und wickeln sich fest um alles herum. Dabei winden sich die meisten Schlinger, von oben betrachtet, entgegen dem Uhrzeigersinn um den Wirt herum. Man nennt sie deshalb »Linkswinder«. Die bekanntesten Linkswinder sind wohl die Pfeifenwinde und der Baumwürger. Eine Ausnahme ist das Geißblatt. Es dreht sich im Uhrzeigersinn um den Wirt, gehört also zu den »Rechtswindern«.
Stützen, Stäbe und Spaliere in vertikaler Richtung sind für Schlinger eine hervorragende Hilfe. Bringt man in nicht zu großen Abständen in horizontaler Richtung Drähte oder Querstreben an, erleichtert man der Pflanze das Wachsen und erreicht damit ein seitliches Wachstum.

Rankpflanzen mit Haftung

Rankpflanzen besitzen feine, fadenförmige Organe, deren Spitzen äußerst reizempfindlich sind. Eine leichte Berührung mit einer Nachbarranke, einem Ast oder einem Stab genügt, um einen Wickelvorgang einzuleiten. Mit zwei oder drei Windungen wird die Ranke dann an den Wirt gefesselt. Dabei wächst sie ständig weiter nach oben und bildet laufend neue Haftfäden aus, die das gleiche Spiel ein Stückchen weiter oben, rechts oder links versuchen. Einige Arten ziehen dabei ihre Haftfäden spiralförmig zusammen und geben damit federnden Halt. Andere verholzen mit der Zeit und werden bruchempfindlich. Da sich jedoch ständig neue Haftfäden bilden, bleibt der Halt bestehen.

Typische Rankpflanzen sind die *Clematis* mit ihren vielen Arten und Sorten sowie der Echte Wein. Wie die Schlinger lieben Ranker Netze, Gitter und Spaliere mit nicht zu großen Gitterabmessungen als Kletterhilfe. Mit einfachen Drahtseilen oder Spanndrähten begnügen sie sich allerdings auch.

Tipp:

Schauen Sie beim Kauf von Schlingern von oben auf die Pflanze, um ihre Drehrichtung zu erkennen. Lassen Sie sich im Zweifel von einem Fachmann aufklären.

Oben: Rankpflanzen treiben aus den Blattachseln eine Art Haltefäden aus, die bereits bei der geringsten Berührung »Fesselungsversuche« beginnen.

Links: Ein typischer Winder oder Schlinger windet sich um alles, was er findet, auch um sich selbst.

Achtung Spreizklimmer!

Spezielle Haftorgane besitzen die Spreizklimmer eigentlich nicht. Dafür verfügen sie über unendlich viele Dornen oder Stacheln, die einen ausgezeichneten Halt geben können, wenn sie sich einmal irgendwo verhakt haben. Bisweilen hilft dabei der Wind, der die Triebe hochschnellen lässt. Finden diese erst einmal festen Halt, ziehen sie mehr und mehr Triebe in die Höhe und haben den Platz schnell vereinnahmt. Dennoch, eigentlich gehören Spreizklimmer wie Brombeere und Rose gar nicht zu den richtigen Kletterpflanzen. Da die kletternden Sorten aber gut Höhen von fünf Meter und mehr erreichen können, kann man sie beruhigt dazuzählen.
Ist nichts erreichbar, um Halt zu finden, fallen die Triebe zu Boden und bilden nach einiger Zeit ein immer höher aufwachsendes, schier unentwirrbares Knäuel. In einem großen Garten kann ein solches tausendfach blühendes Knäuel ein wunderschöner Blickfang sein.
Ein ordnungsliebender Gärtner wird einsehen müssen, dass Ordnung ohne Kletterhilfen bei den Spreizklimmern nicht möglich ist. Er muss Gerüste mit vielen waagerechten Sprossen zimmern, ständig kontrollieren und immer wieder festbinden. Doch wird er Mühe und Mehrarbeit gern in Kauf nehmen, weiß er sich doch durch reiche Blütenfülle und die außergewöhnliche Schönheit entschädigt.

Tipp:

Rosen mit ihren unendlich vielen Arten und Sorten erschöpfend zu behandeln, sprengt den Rahmen dieses Buches. Wir empfehlen deshalb einen Blick in die Fachliteratur.

Oben: Viel aggressiver gehen die Spreizklimmer vor. Unversehens schlagen ihre kleinen oder großen, nadelspitzen Dornen zu, krallen sich fest und lassen so leicht nicht wieder los.

Rechts: Bei dem noch »zahmen« Haufen der Kletterrose 'American Pillar' lässt sich schon erkennen, welche Fläche sie einmal bedecken wird – wenn man sie lässt.

Oben und links:
Efeu, Jungfernrebe, Kletterrosen und andere geben hier auf engstem Raum Sichtschutz und Schatten. Gegen einen so reizvollen Anblick kann eigentlich kein Nachbar etwas haben.

Wo Kletterpflanzen sich wohl fühlen

Genügsame Verschwender

Rechts: Sichtlich wohl fühlen sich die beiden *Clematis*-Hybriden 'Gipsy Queen' und 'Södertälje' an ihrem Gerüst.

Schönheit kommt nicht von ungefähr. Schönheit kommt gewissermaßen von innen.
Um das zu erreichen, muss das Umfeld ausgewogen sein und stimmen. Gemeinhin gehört dazu, dass Standort, Ernährung und Pflege auf die Bedürfnisse abgestimmt sind.
Die Pflanze dankt es mit kräftigem Wuchs, attraktivem Blattwerk und herrlichen Blüten.

Eine kleine Bodenkunde

Was Pflanzen zum Leben brauchen

Nur reiner Wüstensand ist tot. Jeder andere Boden zeigt Leben. Er ist in seiner Gesamtheit ein Organismus, der nach Fruchtbarkeit strebt. Algen, Pilze, Bakterien und Würmer beleben ihn in einem wundersamen Kreislauf von »Werden und Vergehen«, stets mit dem Ziel, zu leben und sich zu vermehren.
Dieser Boden ist vor allem für alle unsere Pflanzen von ausschlaggebender Bedeutung:

- Er bietet ihren Wurzeln Halt
- Er versorgt sie mit Wasser
- Er wandelt ihre Abfallstoffe in Nährstoffe um, die er den Wurzeln erneut zuführt.

Von Horizonten und Bodenschichten

Der eigentliche Boden ist lediglich die oberste, von den Pflanzenwurzeln durchzogene Erdschicht. Seine Fruchtbarkeit zu erhalten und zu steigern ist eine besonders wichtige Aufgabe für den Gärtner. Dabei spielten auch der Untergrund und das jeweilige Klima eine wesentliche Rolle. Sämtliche geologischen, biologischen, chemischen und physikalischen Vorgänge in ihrer Verflechtung sind für die Zusammensetzung des Bodens von Bedeutung. Fachleute unterscheiden drei Horizonte:

- A-Horizont (Krume), der lockere, mehr oder weniger humose Oberboden mit abgeschlossenem Verwitterungsvorgang.
- B-Horizont (Unterboden), der insgesamt dichter und fester ist, doch lebhafte Verwitterungserscheinungen zeigt.
- C-Horizont (Muttergestein), das ursprüngliche Gestein der Erdkruste, das nur wenig von den Verwitterungsprozessen beeinflußt wird.

Diese drei Horizonte bestimmen unsere Bodenarten und letztlich auch das, was auf ihnen gedeiht.

Boden ist nicht gleich Boden

Grob gesehen, unterscheiden Gärtner nach dem Schwierigkeitsgrad der Bearbeitung zwischen leichten und schweren Böden. Dazwischen gibt es viele Übergangsformen, die eine Unterteilung in etwa acht Bodenarten zulassen.

Rechts: Die Stärke des A-Horizontes bestimmt eine weitere Klassifizierung: »Flachgründig« ist ein Boden mit einem schmalen A-Horizont, »mittelgründig«, wenn diese Schicht breiter wird und »tiefgründig« bei einer sehr dicken A-Horizont-Schicht.

Tonboden
Tonboden ist ein schwerer Boden mit mindestens 35 % Tongehalt. Er versumpft leicht und bildet beim Austrocknen an der Oberfläche Risse und Spalten. Pflanzen können die reichlich vorhandenen Nährstoffe jedoch nur aufnehmen, wenn der Boden krümelig ist. Will man einen solchen Boden in brauchbare Gartenerde verwandeln, müssen ihm Sand, Kalk, Kompost und »heißer« Dünger wie Pferdemist beigemengt werden.

Sandboden
Sandboden ist im Gegensatz zum Tonboden ein leichter Boden. Gut durchlüftet und leicht erwärmbar ist er jedoch nur von geringe, wasserhaltender Kraft, wodurch organische Stoffe rasch zersetzt und Nährstoffe schnell ausgespült werden. Durch wasserbindende Stoffe wie Kompost, Dung und Humus können Sandböden in Gartenböden umgewandelt werden. Der Humusbedarf hierfür ist allerdings enorm groß.

Lehmboden
Lehmboden ist der häufigste, vielleicht gar der wichtigste Mischboden. Je nach prozentualer Zusammensetzung liegen seine Eigenschaften zwischen Ton- und Sandböden. Bei entsprechender Beimengung von Humusstoffen und Dung entsteht eine ideale Gartenerde. Da die genaue Zusammensetzung in der Regel nicht bekannt ist, ist eine genaue Analyse sehr schwer. Sehr oft wird hier auf die »Probiermethode« zurückgegriffen.

Lößboden
Lößboden besteht aus staubartigen Ton-, Sand- und Kalkteilchen vulkanischer Herkunft, die meist in Flusstälern zusammengeweht oder eingeschwemmt wurden. Das Rhein- und Donautal sind typische Lößgebiete. Erhält Löß genügend Feuchtigkeit, ist dies der fruchtbarste Boden. Bei Anreicherung von Humusstoffen wird er langfristig zu einem dankbaren Gartenboden.

Kalkboden
Kalkboden ist mit einem Anteil von etwa 50 % Kalk ein armer, trockener Boden. In reiner Form ist dieser Boden in unseren Breiten sehr selten. Er besitzt ein geringes Wasseraufnahmevermögen, ist daher sehr trocken, leicht erwärmbar und zersetzt organische Stoffe sehr schnell. Als Gartenboden ist er nur begrenzt brauchbar. Hier benötigt er viel Humusstoffe und eine ausgesprochen intensive Bearbeitung.

Mergelboden
Mergelboden ist entsprechend seines Sand-Ton-Gehaltes äußerst verschieden in der Qualität. Diese richtet sich nach dem Anteil des Ton- bzw. Lehmgehaltes, und kann durch entsprechende Beimengungen zu recht guter Gartenerde variiert werden.

Moorboden
Moorboden findet man auf Niederungsmooren, verlandeten Gewässern oder Hochmooren. Werden sie entwässert, entsäuert und durch Beimengungen belebt, kann recht gutes Gemüseland entstehen.

Oben: Eine grobe Unterscheidung nach Sand-, Humus- oder Lehmboden erlaubt die Wasserprobe. Dazu wird eine kleine Handvoll des Bodens in ein mit Wasser gefülltes Glas gegeben und muss eine Zeit ruhen. Es zeigt sich, dass sich der Sandboden fast vollständig am Glasboden abgesetzt hat und das Wasser beinahe wieder klar ist. Beim Humusboden bleiben Schwebstoffe erhalten und das Wasser ist insgesamt dunkler. Beim Lehmboden zeigt sich eine milchige, gleichmäßig ockerfarbene Trübung.

Tipp:

Machen Sie die Krümelprobe. Dazu nimmt man eine Hand voll Erde und zerdrückt sie in der Hand. Leichter Boden wird sich körnig anfühlen, er klebt nicht und zerrinnt unter den Fingern. Schwerer Boden klumpt, fühlt sich feucht an und hinterlässt beim Öffnen der Hand Fingerspuren.

Zeigerpflanzen

Bodenart	Zeigerpflanze
guter, nährstoffreicher Boden	Echte Kamille, Vogelmiere, Brennnessel, Ehrenpreis, Franzosenkraut, Melde, Ringelkraut, Weißer Gänsefuß, Hirtentäschel, Schwarzer Nachtschatten
stickstoffarmer Boden	Besenginster, Hornkraut, Mauerpfeffer, Ziest, Frühlings-Hungerblümchen
garekranker Boden	Mutterkraut, Quecke,
schwerer, verdichteter Boden	Ackerminze, Ackerschachtelhalm, Ampferknöterich, kriechender Hahnenfuß, Löwenzahn, Kleines Tausendgüldenkraut
nasser, verdichteter Boden	Weißes Straußgras, Ackerminze, Ampferknöterich, Sumpfziest, Beinwell
saurer Boden	Hohlzahn, Adlerfarn, Hederich, Wilde Stiefmütterchen, Arznei-Ehrenpreis
kalkarmer Boden	Hundskamille, Dreiblättriger Ehrenpreis, Bauernsenf, Aufrechter Sauerklee
lehmiger Boden	Bingelkraut, Flockenblume, Herbstzeitlose, Huflattich, Kamille, Wilde Möhre
sandiger, trockener Boden	Hasenklee, Klatschmohn, Königskerze, Vogelfuß, Vogelmiere
kalkausgewogener Boden	Ackerglockenblume, Leinkraut, Kleine Wolfsmilch, Ringelblume, Wegwarte, Wiesensalbei, Großer Wiesenknopf, Gamander, Löwenzahn

Humusboden

Humusboden findet man hauptsächlich in der Ukraine, in der Magdeburger Börde und in Schlesien. Mit einem Humusanteil von 3–10% gehört er zu den fruchtbarsten Bodenarten überhaupt. Bei einem Humusanteil von mehr als 15%, nähert man sich den Moorböden mit hoher Wasserkapazität, schlechter Durchlüftung und Versauerung. Eine Verbesserung kann man durch entsprechende Entwässerung, Belüftung sowie die Beimengung von Kalk und Handelsdüngern erreichen.
Trotz der Kenntnis über die aufgeführten Bodenarten bleibt eine genaue Einstufung ein sehr unsicheres Unterfangen.

Wie erkenne ich die Bodenart?

Ein sicheres Mittel zum Bestimmen des eigenen Bodens, mit seinen Schichten, seiner Wasserführung und vielen anderen wichtigen Merkmalen, ist die Kenntnis über die Wildpflanzengesellschaft. Was an wilden Pflanzen auf dem unbearbeiteten Boden wächst, zeigt uns ganz sicher an, von welcher Beschaffenheit er ist. Mit ein wenig Übung gestattet uns die Wildflora bereits die Unterscheidung in kalkreiche, kalkarme und neutrale Böden. Und damit ist schon viel gewonnen, denn daraus ergeben sich die ersten Bearbeitungshinweise, Hinweise für die Bodenverbesserung und die Düngung. Für unsere gärtnerischen Ambitionen aber erhalten wir auch erste Hinweise auf die günstigsten Pflanzenkulturen, die auf unserem Boden sicher gedeihen werden.

Was Zeigerpflanzen zeigen

Wer auf seinem Grund oder in der Umgebung Birke, Heidekraut, Fingerhut, Stechginster, Sauerampfer und Schachtelhalm vorfindet, kann sicher sein, dass der Boden »sauer« ist. Buche und Esche deuten dagegen auf »alkalischen« Boden hin. Auf mageren, trockenen Boden weist das Zittergras, die Rundblättrige Glockenblume und der Steife Augentrost hin. Ist der Boden dazu noch kalkhaltig, findet man Huflattich, den Großen Ehrenpreis und die Sanddistel. Auch die Bunte Kronwicke bevorzugt kalkreichen, trockenen Boden – im Gegensatz zum Franzosenkraut, das sandigen, kalkarmen, aber nährstoffreichen Boden bevorzugt, oder der Löwenzahn, der sich vor allem auf tiefgründigem, lehmigem und nährstoffreichem Boden breit macht. Finden sich Brennnesseln im Überfluss, ist der Boden frisch bis feucht, nährstoffreich mit hohem Phosphorgehalt. Und die Vogelmiere markiert sehr nährstoffreichen, humosen Boden.
Natürlich lässt sich jeder Boden durch ständige, gründliche Bearbeitung, entsprechende Beimengungen und Humuszufuhr im Verlauf einiger Jahre verbessern und in allgemein fruchtbare Gartenerde umwandeln. Das erfordert aber Geduld und ermöglicht es dem Gärtner nur langsam, seine geplante Bepflanzung zu verwirklichen.

Unten: Der Humusboden zeigt einen Daumenabdruck, hat also einen hohen Feuchtigkeitsgehalt. Vor der Pflanzung empfiehlt sich deshalb eine Entwässerung und Verbesserung der Belüftung durch entsprechende Beimengungen.

Was der Bodentest verrät

Wie sauer oder alkalisch ein Boden ist, ob er über genügend Nährstoffe verfügt, lässt sich natürlich nur durch einen Bodentest ermitteln. Wer die Kosten nicht scheut, lässt diesen von einer der staatlichen Untersuchungsanstalten oder einem Privatlabor durchführen. Dazu nimmt man von verschiedenen Stellen seines Gartens kleine Erdproben aus der oberen Bodenschicht, vermischt diese gründlich und schickt sie ein. Das Analyseergebnis ist in der Regel sehr vollständig und enthält häufig auch Düngeempfehlungen, die sich allerdings auf Nutzgärten beziehen. Wer eine spezielle Auswertung für seinen Naturgarten haben will, muss dies bei seiner

Tipp:

Bei Neuanlagen von Gärten spielt die Bodenbehandlung der Vorjahre eine große Rolle. Oft wechseln Bodenarten auch auf engem Raum mehrfach und machen eine Einstufung für den Laien schwierig.

Eingabe ausdrücklich vermerken. Nun gibt es zum Glück preisgünstige, einfache Bodentests, die man selber durchführen kann und die auch völlig ausreichend sind. Die nötigen Utensilien dafür erhält man im Fachhandel. Mit ihrer Hilfe kann man den Nährstoffgehalt seines Bodens bestimmen und den pH-Wert ermitteln, der den Säurewert unserer Gartenerde bestimmt. Dieser auf einer Skala von 1 bis 14 darstellbare Wert hat eine wichtige Funktion. Er sagt genau aus, was auf unserem Boden wächst. In zu saurem und zu alkalischem Boden gedeiht die überwiegende Zahl unserer Gartenpflanzen nur schlecht oder gar nicht. Nur wenige Pflanzen lieben sauren Boden, unter den Kletterpflanzen beispielsweise die Liebestraube oder der winterharte Korallendorn. Die meisten bevorzugen jedoch neutraleren Boden. Ein neutraler Boden hat einen pH-Wert von 7. Der für unsere Pflanzen optimale Bereich liegt zwischen den Werten 5,5 und 7, also zwischen schwach sauer und neutral. Einige unserer Kletterer gedeihen allerdings auch auf alkalischen Böden, z.B. der Strahlengriffel, die fünfblättrige Akebie, die Scheinrebe und andere. Zeigt der Test alkalischen Boden an, darf auf keinen Fall mehr Kalk ausgebracht werden.

Unten: Die pH-Skala zur Ermittlung des Säuregrades.

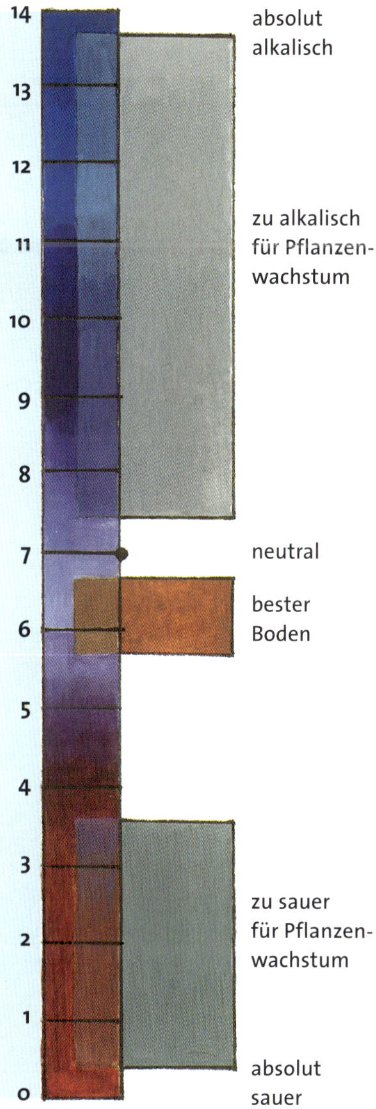

Tipp:

Wie ist Ihr Rechtsstand? Sind Sie Mieter, Pächter oder Eigentümer? Prüfen Sie Ihren Miet- oder Pachtvertrag, bevor Sie zu Werke gehen! Grenzfragen sind zwar im Bürgerlichen Gesetzbuch § 919-922 geregelt, doch weitgehend den Landesgesetzen überlassen. Konsultieren Sie vorher die örtlichen Gartenbauämter.

Eine Frage des Standorts

Fragen zu Beginn

Der Anfang aller Überlegungen für die richtige Wahl der Pflanzen und von deren Standort sind eine Bestandsaufnahme des Gartens und eine speziell auf diesen abgestimmte Planung. Dazu gehören auch so profane Dinge wie die Klärung der Fragen:

- Was sagen die örtlichen Gartenbauvorschriften?
- Wie sehen die Gärten der Nachbarn aus und was sagen sie zu unserer Planung?

Bei kleinen Reihenhausgärten ist besonders die Frage nach der unmittelbaren Umgebung sehr wichtig, da wir gerade hier in unserem gärtnerischen Tun und Lassen nicht frei sind und Rücksichtnahme üben sollten.
Ist dem Grad unserer schöpferischen Freiheit keine Grenze gesetzt oder haben wir sie ausgelotet, beginnt die Bestandsaufnahme. Dabei geht man nach folgender Checkliste vor:

1. Wie groß ist das Grundstück?
2. Wie sehen seine Grenzen aus (Zaun, Mauern, Hecken)?
3. Wie sind die Lichtverhältnisse, wo ist Süden, wo sind Baumschatten?
4. Sind Gestaltungselemente vorhanden (große Steine, Mauerreste, Holzbauten, Garteneich, Mulden)?
5. Welche Bepflanzung ist bereits vorhanden?
6. Wo könnte man z. B. Pergolen, Lauben, Laubengänge oder andere Gestaltungsmerkmale einfügen?

Auch müssen bereits im Vorfeld architektonische Vor- und Nachteile der Gebäude oder des Geländes in die Überlegungen mit einbezogen werden. Ist die Architektur des Hauses selber optisch gelungen, wird es bei einer richtigen Zusammenstellung der Berankung um vieles reizvoller – entweder durch den allseits bekannten Blauregen oder aber durch den aus der Mandschurei stammenden Strahlengriffel mit seinen stark duftenden weißen Blüten und im Herbst blauschwarzen, essbaren und vitaminreichen Früchten.

Ein völlig neues Gesicht mit viel romantischem Flair kann man alten Häusern geben. Hier reicht es bereits aus, wenn man auf den weit verbreiteten Efeu oder Wilden Wein zurückgreift. Aber auch die hässlichste Mauer kann als Hintergrund oder Kletterhilfe

Rechts: Eine alte Hausfassade gewinnt durch Kletterpflanzen erst ihren eigenen Charakter, besonders, wenn sich wie hier Jungfernrebe, Efeu, Klettertrompete und andere Kletterer wirkungsvoll ergänzen.

für eine Begrünung mit Kletterpflanzen dienen und so an Reiz gewinnen.

Licht oder Schatten?

Ist erst einmal das Umfeld ausgelotet, gilt es, die Ansprüche der Pflanzen selber zu ergründen. Wir wissen bereits, dass die meisten ihrer Natur nach einen schattigen Fuß, aber hellen Kopf bevorzugen. Andere wiederum mögen zwar Sonne, gedeihen jedoch auch im Halbschatten oder gar im Vollschatten. Und wieder andere bevorzugen Vollschatten oder mögen es insgesamt etwas kühler.
Bei der Pflanzenauswahl für den gewählten Standort muss also zunächst sorgfältig geprüft werden, ob die Pflanze lieber warm und sonnig stehen mag, ob sie es halbschattig wünscht oder die Nordseiten ohne jede Sonneneinstrahlung bevorzugt. Doch keine Sorge: Die Auswahl auch für »schwierige« Standorte ist groß. Viele Pflanzen mögen nämlich sowohl Sonne wie auch Halbschatten oder Halbschatten und Schatten. In den Tabellen auf den Seiten 21, 23 und 24 finden Sie Beispiele aufgelistet.

Ein- oder mehrjährig?

Steht der Standort fest, bleibt noch die Entscheidung, ob Sie lieber einjährige oder mehrjährige (dauerhafte) Kletterer pflanzen wollen. Einjährige Kletterpflanzen begrünen Balkone, Spaliere und Zäune in kürzester Zeit. Fast alle benötigen vollsonnige Standorte und einen nährstoffreichen Boden. Wird in Kästen oder Kübeln gepflanzt, sollte die Erde jährlich erneuert werden. Etwa ab der fünften Woche nach der Pflanzung muss regelmäßig gedüngt werden. Einjährige brauchen außerdem viel Wasser. Mehrjährige Kletterpflanzen fühlen sich vorwiegend im Halbschatten wohl. Sie bezaubern durch auffallende Blüten und prächtige Laubfärbung im Herbst. In der Anfangsphase ihres Wachstums sind sie dankbar für die Hilfe des Gärtners. Sie benötigen einen ersten Wegweiser und die ersten Triebe müssen angebunden werden.

Einjährige Kletterer

Pflanzenname	Standort	Wuchshöhe
Ballonpflanze	Sonne	2 bis 3 m hoch
Duftwicke	Sonne	2 bis 3 m hoch
Feuerbohne	Sonne	bis 4 m hoch
Flaschenkürbis	Sonne bis Halbschatten	3 bis 5 m hoch
Glockenrebe	Sonne	4 bis 5 m hoch
Japanhopfen	Sonne bis Halbschatten	4 bis 6 m hoch
Kapuzinerkresse	Sonne bis Halbschatten	1 bis 3 m hoch
Maurandie	Sonne	2 bis 3 m hoch
Prunkwinde	Sonne	4 bis 6 m hoch
Rosenmantel	Sonne bis Halbschatten	2 bis 3 m hoch
Schönranke	Sonne	bis 5 m hoch
Schwarzäugige Susanne	Sonne	1 bis 3 m hoch

Sonnenanbeter

Pflanzenname	Wuchshöhe	Besonderheiten
Baumschlinge	6 bis 10 m hoch	sehr starkwüchsig
Blauregen	bis 15 m hoch	braucht besonderen Schnitt
Brombeere	bis 5 m hoch	Ausbreitung beobachten!
Clematis maximowicziana		Fuß stets im Schatten halten
Clematis viticella	8 bis 10 m hoch bis 4 m hoch	sehr wärmeliebend, sehr gesellig
Drillingsblume	bis 3 m hoch	nicht winterhart, Glashaus
Glockenrebe	4 bis 5 m hoch	in Mexico bis 15 m Höhe
Passionsblume in Sorten	3 bis 5 m hoch	trägt Früchte
Prunkwinde in Sorten	4 bis 6 m hoch	oft nur Tagesblüte
Rosen in Sorten	3 bis 6 m hoch	keine direkten Südwände, keine Bourbon-Rosen
Trompetenblume	6 bis 10 m hoch	lichtfliehende Triebe
Wicke in Sorten	1,5 bis 3 m hoch	auch als Topfpflanze

Links: Wunderschön ist die Bougainvillea in ihrer Blütenfülle und bedeckt in südlichen Regionen ganze Häuserwände. Hierzulande ist sie eher etwas für den Wintergarten.

Unten: Hier, auf der Sonnenseite des Hauses, ist die Kletterrose ein wirklich prächtiger Schmuck.

Ins rechte Licht gerückt!

Sonnenanbeter mit südlichem Charme

Tipp:

Wenn man über einige Jahre hinweg Höchst- und Tiefsttemperaturen , Niederschlagsmengen und Windverhältnisse aufgezeichnet hat, lassen sich für die Auswahl Ihrer Kletterpflanzen wichtige Rückschlüsse ziehen.

Die Zahl heimischer Sonnenanbeter unter den Kletterpflanzen ist, bezogen auf die ungeheure Artenvielfalt, im Grunde ziemlich gering. Aus Unkenntnis dieser Vielfalt und ihrer Herkunft werden in unseren Breiten deshalb oft auch heimische Arten für Exoten gehalten. Tatsächlich gehört der größte Teil unserer heimischen Sonnenanbeter aber zu den einjährigen Kletterern, die unsere Winter kaum überleben würden. Wer weiß schon, dass viele bei uns in Töpfen, in Zimmern oder Wintergärten spärlich wachsenden Pflanzen in sonnigen, warmen Gegenden ganze Häuserfronten vereinnahmen können. Das bekannteste Beispiel ist wohl die Bougainvillea mit ihrer unendlichen, violettrosafarbenen Blütenfülle. Sie und viele andere empfindliche Arten benötigen bei unseren Klimaverhältnissen ein geschütztes, frostfreies Plätzchen an hellen, sonnigen Mauern. Vor allem Weinbaugegenden sind für diese Arten wegen ihres allgemein milden Klimas gut geeignet. Gelingt es jedoch, im Garten ein geeignetes Kleinklima zu schaffen, etwa weil er günstig zur Sonne exponiert liegt, und lässt sich das Plätzchen allseitig schützen, finden auch Echter Wein und Exoten einen passenden Lebensraum. Helle Mauern reflektieren dabei die Wärme der Sonne, was die weichen Triebe der Pflanze schneller aushärten und verholzen lässt und sie so widerstandsfähiger macht. Auch bei geringem Frost bietet die gespeicherte Wärme noch Schutz. Friert es jedoch während der Blütezeit, sind zusätzliche Schutzmaßnahmen unabdingbar.

Was Halbschatten liebt

Pflanzenname	Wuchshöhe	Besonderheiten
Akebie	6 bis 8 m hoch	auch an Nordseiten
Baumwürger *(Orbiculatus)*	12 bis 14 m hoch	starker Schlinger, nicht in jungen Bäumen schlingen lassen
Beerentraube	4 bis 6 m hoch	geschützter Standort
Clematis (alle +Hybriden)	3 bis 10 m hoch	reine Viticella – Sonne
Efeu *(H. colchica)*	6 bis 8 m hoch	nicht ganz winterhart
H. helix in Sorten	20 bis 25 m hoch	Vollständig winterhart
Geißblatt alle Sorten	2 bis 8 m hoch	giftige Früchte
Jungfernrebe in Sorten	6 bis 8 m hoch	herrliche Herbstfärbung
Kletterhortensie	5 bis 15 m hoch	wächst zögernd an
Mondsame	3 bis 4 m hoch	zweihäusige Pflanze
Pfeifenwinde	8 bis 10 m hoch	wächst nur langsam an
Reben in Sorten	4 bis 12 m hoch	*Vinifera*, gesch. Standort
Rosen in vielen Sorten	2 bis 6 m hoch	Bourbon Rose bis schattig
Schlingknöterich	8 bis 15 m hoch	ungeheuer starkwüchsig
Spalthortensie in Sorten	8 bis 12 m hoch	braucht geschützten Standort
Kletternder Spindelstrauch	3 bis 5 m hoch	rauchhart, für Stadtklima geeignet
Strahlengriffel in Sorten	3 bis 10 m hoch	geschützter Standort

Unten: Das Geißblatt (*Lonicera*) ist überall Blickfang. Vor allem aber wirkt es in Gemeinschaft mit anderen Pflanzen.

Sonnenanbeter findet man dennoch hauptsächlich unter den einjährigen Kletterpflanzen. Duftwicke, Flaschenkürbis, Maurandie, Prunkwinde und Trichterwinde gehören z. B. dazu. Damit sie sich in der kurzen, warmen Jahreszeit voll entfalten können, kauft man bereits gut entwickelte Pflanzen. Sie sind selbst gezogenen Pflanzen in der Regel um Wochen voraus. Mit einjährigen Kletterpflanzen können wir unseren Gärten jedes Jahr ein neues Gesicht verleihen.

Die Auswahl bei den mehrjährigen oder dauerhaften Sonnenanbetern ist geringer. Trompetenblume, Passionsblume oder Kletterrosen sind hier die üblichen Vertreter, wobei die Rosen in Vielfalt und Schönheit kaum zu übertreffen sind. Beispiele für schöne und pflegeleichte Kletterrosen finden Sie im Anhang.

Kletterer für den Halbschatten

In puncto Sonne verhalten sich viele Kletterpflanzen wie Menschen: Sie lieben die Sonne über alles, halten sich aber lieber im Halbschatten auf. Die Auswahl unter den »Einjährigen« ist hier zwar geringer, doch bieten z. B. Feuerbohne, Kapuzinerkresse, die Sternwinde die Schwarzäugige Susanne und viele andere noch genügend Abwechslung. Bei den »Dauerhaften verhält es sich jedoch genau umgekehrt.

Sie bevorzugen halbschattige Standorte und machen mit ihrer Fülle von Blatt- und Blühwundern dem Gärtner die Auswahl schwer. Allein die vielen *Clematis*-Arten mit ihren wunderschönen Blüten, der Feuerdorn, das Geißblatt, der Strahlengriffel sowie der Wilde Wein und der Winterjasmin können den Betrachter schon zum Schwärmen bringen. Hier darf der Gärtner etwas sorgloser sein und muss nicht ängstlich für Winterschutz sorgen, denn auch das Klima in unseren Breiten wird den Ansprüchen dieser Pflanzen gerecht.

Tipp:

Wer Pflanzen in Baumärkten oder Gartencentern kauft, sollte sich den Ort ihrer Aufzucht nennen lassen. Häufig mickern die neuen Pflanzen vor sich hin und können sogar eingehen, weil die Klimabedingungen der Aufzuchtgegend völlig anders waren, als die, die sie bei Ihnen nach dem Auspflanzen vorfinden. Wenn möglich, kauft man deshalb bei ortsansässigen Baumschulen. Die dort gezogenen Pflanzen sind die bei Ihnen vorherrschenden Witterungsbedingungen von klein auf gewöhnt und wachsen deshalb wesentlich leichter an.

Die Schattenseiten

Wer die Nordseite seines Hauses oder tief im Schatten liegende Plätze begrünen will, wird auf kräftige, winterharte Kletterer zurückgreifen müssen. Zwar gibt es bei den »Einjährigen« mit dem Japanhopfen und der Glockenrebe Pflanzen, die auch im tiefen Schatten noch gedeihen, doch ist hier eher eine dauerhafte Begrünung erwünscht. Also wird es auf Efeu, Baumwürger, Kletterhortensie, Pfeifenwinde oder Schlingknöterich hinauslaufen. Nun ist Efeu als sogenannte »Friedhofspflanze« etwas in Verruf geraten, wie so viele schöne Gewächse, doch sein Erscheinungsbild im Winter kann gar nicht hoch genug veranschlagt werden. Und er ist der Gigant unter den Kletterern. Seine Triebe erreichen Höhen bis zu 25 Meter. Es gibt deshalb keinen Grund, auf seine Mithilfe in unseren Gärten zu verzichten.

Stütze muss sein!

Mauern und Wände

Mauern sind für jeden Garten eine wirkliche Bereicherung, vor allem wenn sie uralt sind oder aus einer trocken aufgeschichteten Anhäufung von Natursteinen bestehen. Durch eine geeignete Bepflanzung werden sie zu einem optischen Blickfang im Garten. Zur Begrünung kommt auch hier Wilder Wein mit seiner hübschen Färbung oder Efeu in Frage. Diese Pflanzen benötigen noch nicht einmal Kletterhilfen und bieten im Fall des Efeus zudem den Vorteil einer ganzjährigen Belaubung. Natürlich gibt es auch noch andere Kletterer, die sich hier besonders gut machen. Brombeeren zum Beispiel färben Ihre Mauer nicht nur grün ein, sie bringen auch noch Früchte hervor. Oder kombinieren Sie einmal verschiedene *Clematis*-Arten untereinander

Schattenpflanzen

Pflanzenname	Wuchshöhe	Besonderheiten
Brombeere	2 bis 4 m hoch	immergrün, neigt zum Schlingen
Clematis alpinea	2 bis 3 m hoch	auch für Kübel geeignet
C. macropetala	2 bis 4 m hoch	als Bodendecker geeignet
C. orientalis	4 bis 6 m hoch	Sorte 'Orange Peel', wärmeliebend
Efeu *(H. colchica)*	6 bis 8 m hoch	immergrün, geschützten Standort
H. helix in Sorten	20 bis 25 m hoch	winterhart, attraktive Blattfarben
Geißblatt in Sorten	4 bis 8 m hoch	Achtung: Giftig!
Jungfernrebe *f. engelmanii*	10 bis 15 m hoch	wunderbare Herbstfärbung
Kletterhortensie	10 bis 15 m hoch	wächst zögernd an
Spalthortensie *(hydrangeoides und integrifolium)*	6 bis 12 m hoch	immergrüne Triebe, Pflanze neigt zum Schlingen
Kletternder Spindelstrauch	3 bis 5 m hoch	attraktive Blattform und Farbe
Rebe *(Vitis riparia)*	10 bis 12 m hoch	sehr starkwüchsig

Tipp:

Eine Mauer, auch eine Trockenmauer, sollte so aufgeschichtet sein, dass die Steine in etwa so liegen, wie sie in der Natur gelegen haben. Lagen sie ursprünglich flach, wirkt jeder senkrecht aufgeschichtete Block wie ein Fremdkörper.
Soll ein Hang durch eine Mauer abgestützt werden, muss diese auf jedem Meter Höhe um etwa 20 Zentimeter nach innen, gegen den Hang geneigt werden (20 %).

Links oben: Zögernd beginnt die Kletterhortensie ihr Dasein, doch dann erobert sie ganze Fassaden, Spaliere oder Bäume.

oder auch mit anderen Arten wie dem Goldblättrigen Hopfen. Allerdings müssen Sie für diese Bepflanzung ein Rankgitter vorsehen, wobei ein einfaches Maschendrahtgeflecht bereits ausreicht.
Wer keine Mauern hat und doch eine möchte, baut sich aus ein paar imprägnierten und mit Drahtgeflecht versehenen Dachlatten für wenig Geld einen Ersatz, bepflanzt sie und hat im Handumdrehen einen reizvollen Blickfang. Bietet der Garten genügend Platz, baut man ein dachförmiges, mit Maschendraht überspanntes Lattengestell.

Eine Fassade begrünen

Bei der Begrünung einer Hausfassade ist vieles zu berücksichtigen. Geht es lediglich um den Schutz der Wand an der Nordseite, gibt es nicht viel zu überlegen und letztendlich fällt die Wahl auf Efeu. Er wird bereits nach kurzer Zeit die Fassade erobert haben und den gewünschten Schutz bieten. Durch Kombination mit der Kletterhortensie oder der Pfeifenwinde können Sie einen zusätzlichen Effekt erzielen und die zu begrünende Wand in ein noch viel reizvolleres Unikat verwandeln.

Art und Form der Begrünung eines Hauses hängen aber auch von seiner Höhe, seiner Breite und vom Baustil ab. So wird ein hohes Haus, an dessen Fassade eine einsame Kletterpflanze in die Höhe strebt, noch höher erscheinen. Zieht man den Kletterer dagegen in die Breite und lässt ihn nicht über die Fensterbrüstungshöhe des ersten Geschosses hinwegwachsen, wirkt das Haus optisch breiter und insgesamt harmonischer. Anders verhält es sich bei einer breiten, wuchtig wirkenden Fassade. Man kann sie so hoch bewachsen lassen, wie es geht, sollte jedoch einzelne Fassadenteile vom Bewuchs freihalten und auf verschiedene Kletterer zurückgreifen.

Eine Mauer aus verschieden langen Rundhölzern wirkt berankt wunderschön. Lässt man einige der Hölzer hoch aufragen und beranken, wirken sie wie Wachtposten.
1. Rosa 'Bantry Bay'
2. Clematis 'Ascotiensis'

Rechts: Nackt würde dieses Haus wuchtig und kalt wirken, durch die Berankung mit Wildem Wein und dank dessen unterschiedlicher Herbstfärbung wirkt sie locker und wirklich schön.

Alles, was Sonne und Halbschatten verträgt, eignet sich für die Gartenseite des Hauses. Immer wieder sind dazu die prächtigen *Clematis*-Arten, die Kletterrosen, der Wilde Wein, Winterjasmin und viele andere zu nennen. Daß der Baustil für die Begrünung eine große Rolle spielt, wurde schon erwähnt. Pflanzenauswahl und Pflanzort können nämlich alles völlig verändern. Man wird deshalb ein gut erhaltenes oder gut restauriertes Fachwerkhaus kaum völlig begrünen lassen, weil es dann den Reiz seiner Fassade verliert. Doch eine wunderschön blühende Gold-Clematis (*Clematis tangutica*) mit ihren goldgelben, zierlichen und immer nickenden Blüten, die bis zu drei Meter Höhe am Erdgeschoss emporranken kann, oder Kletterrosen wie die altbewährte, drei bis vier Meter hoch reichende Sorte 'Parkdirektor Riggers', die bis zum ersten Frost üppige Büschel blutroter, locker gefüllter Blüten bringt, wie 'Ramira' mit ihrer edlen, rosa leuchtenden Blütenfülle und alle anderen beliebten Sorten wie die gelbe 'Golden Olymp', die rote 'Gruß aus Heidelberg' und die zartrosa 'New Dawn' verzieren jedes Erdgeschoss und bringen den Fachwerkgiebel Ihres Hauses erst richtig zur Geltung. Aber auch bestimmte Hausdetails lassen sich mit Kletterpflanzen hervorragend betonen. Bei einem Haus mit einem Vorbau, der vielleicht auch noch auf Säulen steht, wird durch die vollständige Belaubung des Hauses selbst der Vorbau besonders betont. Er scheint dann geradezu aus einer grünen Wand herauszuwachsen. Wird dagegen der Vorbau begrünt, betont man den Charakter des Hauses und bezieht den Vorbau

Tipp:

Fachwerkgiebel bedürfen sorgfältiger Pflege. Schon deshalb sollte man sie nicht vollständig beranken lassen. Außerdem dringen die feinen Neutriebe (vor allem die vom Schlingknöterich) gern in die Ritzen zwischen Balkenwerk und Ausfachung ein und können so kleine Putzteile absprengen.

Links: Der Blauregen betont geschickt den Charakter dieses alten Wirtshauses. Um das Fachwerk des zweiten Stockwerks hat man ihn sorgsam herumgeleitet, so bleibt es den Blicken erhalten.

Oben: Efeu überwallt diese alte Hausfassade an der Nordseite und schließt sie dicht ein.

Mitte: Kletterrosen lockern diese niedrige, lang gestreckte Fassade auf und gestalten sie ein wenig ansehnlicher.

Unten: Hier wurde die Glyzine so gezähmt, dass sie durch ihren horizontalen Wuchs unterhalb der Etagen die ganze Hausfront breiter erscheinen lässt.

mit in den Garten ein. Schließlich wird durch eine lichte Berankung der Säulen mit einer der stark blühenden Sorten ein neues, sehr reizvolles Gesamtbild des Hauses erreicht.

Überklettern erlaubt: Zäune

Nichts ist eintöniger als ein nackter Maschendrahtzaun und nichts frustrierender als ein nicht mehr ganz junger Lattenzaun. Das muss aber nicht so sein. Auch Zäune können nach außen und innen die Seele eines Gartens widerspiegeln, und der Gärtner kann dabei auf unendlich viele Variationen zurückgreifen. Zäune sind zwar dafür gedacht, den eigenen Besitz abzugrenzen und zu schützen, doch müssen sie deswegen nicht sichtbar sein. Zäune sind ausgezeichnete Hilfen für Kletterpflanzen aller Art. Und tatsächlich eignen sich beinahe alle bekannten Sorten zu ihrer Berankung. Das kann mit dem schön gefärbten Wilden Wein ebenso erreicht werden wie mit Geißblatt, der Trompetenblume oder unseren vielen *Clematis*-Arten. Eine besondere Pracht entfalten aufgelockerte Kombinationen, wie zum Beispiel die Kletterrose 'Golden Rambler' mit ihren voll gefüllten, gelben Blüten, kombiniert mit der samtig-violettblau blühenden *Clematis* 'Gipsy Queen' oder anderen Arten.
Eine wunderhübsche farbliche Kombination kann man auch mit Geißblatt (*Lonicera*) und einer *Clematis* erreichen, z.B. mit der granatrot blühenden *Lonicera brownii fuchsioides* und der *Clematis armandii* mit ihren dunkelgrünen Blättern und weißen Blüten.
Berücksichtigt man bei der Planung auch die Blütezeit der Kletterpflanzen, lässt sich bei der Bepflanzung der Zäune ein ständig wechselndes Erscheinungsbild erreichen. In immer neuen Farbkombinationen hat er so beinahe zu jeder Jahreszeit Saison.

Tipp:

Vor allem wenn man dauerhafte Kletterpflanzen an den Zaun setzen will, empfiehlt sich vor der Pflanzung eine gründliche Restaurierung, wie etwa eine Erneuerung oder Ausbesserung des Drahtgeflechtes oder ein Neuanstrich des Holzes.

Oben: Jede *Clematis* an einem Lattenzaun ist eine wahre Augenweide. Hier die Sorte 'Warszawa Nike'.

Unten: Auch Rosen, hier 'Paul´s Scarlet Climber', eignen sich hervorragend zur Zaunbegrünung.

Kombinationen

	Clematis	Efeu	Geißblatt	Hopfen	Jungfernrebe	Kapuzinerkresse	Rosen	Spindelstrauch	Weinrebe	Wicken
Clematis	E!	–	M!	M	M	M	B!	E	M!	M
Efeu	–	B	–	M	B	E	–	B	B	–
Geißblatt	M!	H	E	–	M!	E	B!	M	–	–
Hopfen	M	M	–	–	–	–	–	M	–	–
Jungfernrebe	M	B	M!	–	–	–	–	E	M	–
Kapuzinerkresse	M	E	E	–	–	–	M	M	M	–
Rosen	B!	–	B!	–	–	M	E!	–	E!	E
Spindelstrauch	E	B	M	M	E	M	–	–	E!	–
Weinrebe	M!	B	–	–	M	M	E!	E!	–	–
Wicken	M	–	–	–	–	–	E	–	–	E!
Kletterhortensie	–	E	–	–	E	–	–	E	–	–

Erläuterungen: B = besonders empfehlenswert, E = empfehlenswert, M = möglich
Das Ausrufezeichen hinter den Buchstaben weist auf die besondere Eignung bestimmter Sorten für die Kombination hin.

Links: Unter üppigen Kletterpflanzen verborgen sind die leicht angerosteten eisernen Säulen. Durch Berankung der sie alle verbindenden Kopfstreben ist ein schattiger kleiner Platz entstanden.

Rechts oben: Pfeiler von rustikal bis klassisch.

Rechts unten: Diese »offene« Pergola bietet Blick nach allen Seiten. Zwar wird sich die Begrünung zum Sommer hin noch verdichten, der offene Eindruck bleibt jedoch erhalten.

Tipp:

Soll eine Pfeilerreihe mit Ketten verbunden werden, dürfen die Ketten nicht zu schwach gewählt werden, das verdirbt das Bild. Da starke Ketten jedoch sehr schwer sind, brauchen die Pfeiler genügend Stabilität. Seile sind leichter, doch sollten sie einen Mindestdurchmesser von etwa 4 cm haben; dünnere Seile zerstören die Harmonie.

Eine mit Ketten oder Seilen verbundene Pfeilerreihe, mit *Clematis* oder Rosen berankt, ist an Schönheit kaum noch zu überbieten.

Säulen und Pergolen

Säulen im Garten sind wie das Ausrufezeichen hinter einem Satz. Mit einer Säule betont man ganz bestimmte Punkte des Gartens, etwa eine Rundrabatte oder gleichsam als Schlusspunkt das Ende einer Hecke. Man kann eine bestimmte Hausecke betonen oder bei Verwendung mehrerer Säulen ganze Gartenpartien voneinander trennen. Verbindet man Säulen mit Ketten oder Seilen, wird eine solche Trennung zu einem optischen Blickfang – etwa wie eine Säulenallee zur Betonung eines Gartenweges, oder, kreisrund gesetzt, wie ein Pavillon ohne Dach.
Säulen fallen sofort ins Auge. Das gilt auch für die Säulen einer Pergola, bei der die Berankung das Traggerüst mehr oder weniger vor dem Auge verbirgt. Deshalb tragen Material und Stil sehr zum Charakter der Anlage bei. Säulen oder Pergolen können imposant oder elegant sein. Man kann sie kunstvoll, rustikal, modern oder traditionell gestalten, sollte aber immer bemüht sein, sie der Gartengröße und der vorhandenen Gartenarchitektur anzugleichen. Auch als völlig eigenständig gestaltetes Element sollten sie sich in das Gesamtbild des Gartens integrieren lassen. Ein krasser Gegensatz wirkt wie ein Schlag ins Gesicht.
Bestimmt wird der Charakter von Säulen und Pergolen durch das verwendete Material. Holz, Metall, Natur- und Kunststein sowie Ziegel – alles lässt sich verwenden.
In großen, naturbelassenen Gärten findet man bisweilen Pergolen aus einfachen Baumstämmen mit Rinde, auch das Quergehölz oben besteht aus Holz. Herkömmlich sind einfache Kanthölzer mit rechteckigem Querschnitt oder, etwas moderner, in achteckiger Form. Eine ausgezeichnete Wirkung erreicht man bei einer Säule, wenn man fünf Kanthölzer quadratisch so anordnet, dass die Säule von oben

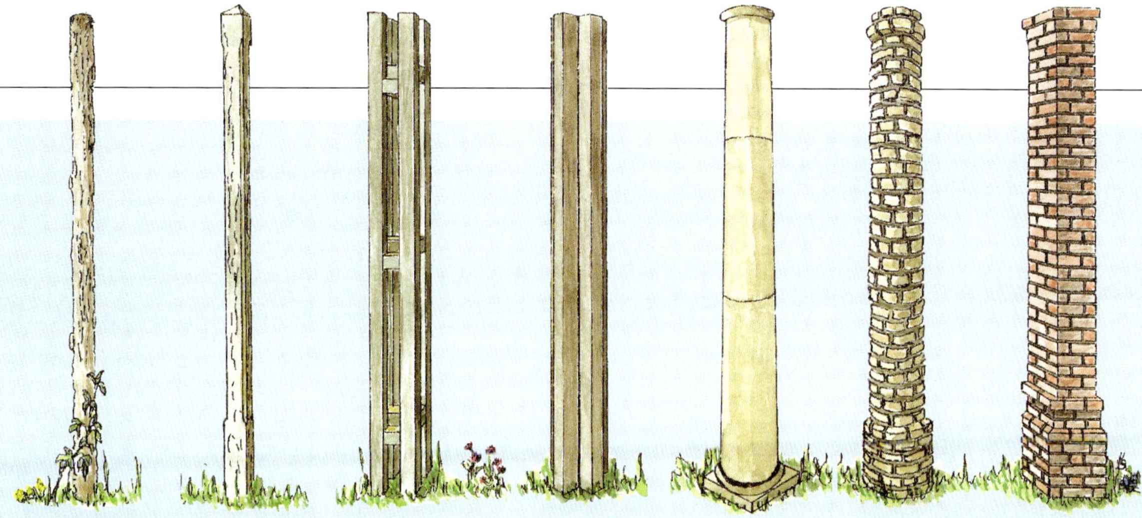

unbearbeitetes Rundholz | Vierkantholz mit gefasten Kanten | 4 Vierkanthölzer mit Stegen verbunden | 4 sternförmig angeordnete Vierkanthölzer | Rundsäule aus Betonsteinen | Rundsäule aus Bruchsteinen | Vierecksäule aus Klinkermauerwerk

gesehen wie die »Fünf« eines Würfels aussieht. Gusseisen- oder Aluminiumsäulen mit Kapitellen, Wulsten und Längsnuten wirken ebenso antik wie die sich nach oben verjüngende klassische Säule aus Beton, Fiberglas oder Stein, einerlei, ob der Querschnitt rund oder quadratisch ist. Und ganz modern wirken schmale, schlanke Beton- oder Eisensäulen sowie in Gitterform verschweißter Vierkantstahl.

Für die Bepflanzung von Säulen und Pergolen können wir beinahe auf sämtliche angebotenen Kletterpflanzen zurückgreifen, obwohl auch hier einiges bedacht werden sollte. Eine klassisch wirkende, mit Ketten girlandenförmig verbundene Pfeilerreihe darf man nicht völlig hinter dem Grün der Rankpflanzen verschwinden lassen. Damit würde der Reiz der Säule verloren gehen. Eine etwas unauffälligere, den Blick freigebende Berankung zum Beispiel mit Rosen, die man wie Girlanden an den Ketten entlangführt, verbindet Pfeiler, Ketten und Pflanzen zu einem reizvollen Miteinander.

Bei einer Pergola am Haus ist das ähnlich. Sie soll ja den Blick auf den Garten freihalten und noch ein wenig Licht in den Wohnraum lassen. Wenn man hier beispielsweise einen Schlingknöterich einsetzt, würde durch das dichte Blätterdach schon in kurzer Zeit kein einziger Lichtstrahl mehr dringen.

Pergolen über Gartenwegen können zwei Aufgaben erfüllen. Entweder dienen sie dazu, zwei verschiedene Gartenformen – etwa den Ziergarten und Gemüsegarten – voneinander zu trennen, oder sie bieten als schattige Flaniermeile die schönsten Ausblicke nach links und rechts in unser Gartenparadies. Entsprechend muss die Bepflanzung gewählt werden. Soll eine Trennwirkung erreicht werden, bringt man einseitig zwischen den Säulen der Pergola ein Rankgitter oder eine andere Rankhilfe an und erreicht durch enge Bepflanzung bald eine dichte Wand. Dabei empfiehlt es sich, außerhalb der Pergola zur Pflege der Kletterpflanzen einen schmalen Weg anzulegen.

An Pflanzen kann ziemlich alles verwendet werden, was im Handel angeboten wird. Selbst der Schlingknöterich, wenn man die Zeit für das »In-Schach-halten« dieses Wüstlings aufbringen will. Auf der Ziergartenseite dagegen begnügt man sich mit zierlicheren, hübsch blühenden Arten, die in der Nähe der Säulen bleiben, an die sie gepflanzt wurden und diese nicht ganz unter ihrer Blattfülle begraben. Wie bei den »Wandelpergolen« quer durch

den Ziergarten ist bei der Bepflanzung sorgfältige Auswahl geboten. Natürlich sind wieder alle *Clematis*-Arten geeignet, die hinsichtlich Blühzeit und Farbe gut aufeinander abgestimmt werden müssen. Die wundervollen Herbstfarben der rotvioletten Rebenart *Vitis coignetiae* eignen sich besonders für einen einzigartigen Blickfang, ebenso, wie die Glyzine (*Wisteria sinensis*). Natürlich eignen sich auch Kletterrosen wie die immer noch beliebte, uralte Sorte 'Gloire de Dijon' mit ihren intensiv duftenden, gelblichrosa Blüten. Sie ist winterhart und blüht bis weit in den Herbst hinein. Da gibt es die kletternde und starkwüchsige 'New Dawn' mit ihrem bis zum Frost haltenden zartrosa Flor, die rote 'Gruß aus Heidelberg', die blutrot in Dolden blühende 'Excelsa' und viele andere.
Aber auch der Strahlengriffel (*Actinida kolomikta*) , das immergrüne Geißblatt (*Lonicera henryi*), und der Echte Jasmin (*Jasminum nudiflorum*) eignen sich hervorragend für diesen Zweck.
Ob wintergrün oder Laub abwerfend, das muss der Gärtner letztendlich selbst entscheiden. Auch dunkle, kahle Zweige zeigen im Winter ein sehenswertes Formenspiel.

Kletterer an Wirt-Pflanzen

Auch wenn oft das Gegenteil behauptet wird: der oft verteufelte Efeu besitzt nur harmlose Haftwurzeln und saugt seinen Wirt nicht aus, und auch der Baumwürger tut alles andere, als seinen Wirt zu erwürgen. Lediglich bei jungen Bäumen mit noch weichen Stämmchen ist Vorsicht geboten. Beide lieben Bäume sehr und wachsen hoch an ihnen herauf. Auch die aus Nordamerika stammende Scheinrebe (*Ampelopsis megalophylla*) mit ihren riesigen, gefiederten Blättern, die *Clematis*, mit ihren vielen Varianten, oder die Kletterrosen lieben Bäume als natürliche Kletterhilfen.
Die Blutpflaume mit ihrem dunkelrot-braunen Laub kombiniert mit der Kletterrose 'Maria-Lisa' ist eine besonders reizvolle Mischung. Wenn die Rose ihre kleinen rosaweißen Blüten tausendfach durch das dunkle Laub der Pflaume blitzen lässt, ist die Wirkung unübertroffen. Gut zu kombinieren sind auch weiß blühende *Clematis*-Arten mit der Rose 'Kiftsgate' oder verschiedene *Clematis*-Arten miteinander.
Wunderschön wirkt die Kombination von Eibe und Geißblatt (*Lonicera heckrottii*). Beide vertragen sich ausgezeichnet, und die tiefgrünen Nadeln der Eibe stehen in herrlichem Kontrast zu den sanft geformten helleren Blättern des Geißblatts. Blüht die Pflanze, wird die Eibe von tausenden gelbrosa leuchtenden Augen gleichsam verzaubert.
Mit Efeu berankte Bäume sieht man aufgrund der genannten Vorurteile eigentlich selten. Und das ist schade! Wer einen Baum mit ihm beranken ließ, wird bemerken, dass sie nach Jahren plötzlich nicht mehr wächst, dafür jedoch an den Spitzen Blüten trägt. Die Pflanze hat jetzt eine Altersform erreicht, in der sie keine Haftwurzeln mehr hervorbringt. Sie wallt nun plötzlich von oben herab. Auch die Blattform ändert sich und wird spitzlappiger. Abgeschnitten werden diese Triebe zu ausgezeichneten Stecklingen. In kurzer Zeit erhält man hieraus einen nicht kletternden, bis zu zwei Meter hoch wachsenden, breiten Strauch, der im Herbst sehr reich, aber unscheinbar blüht, und im Winter

Links: Flieder, Eibe und Geißblatt bilden ein harmonisches Miteinander und haben zur Blütezeit des Geißblattes ihren besonderen Reiz.

Rechts: Als Bodendecker gepflanzt, hat der Efeu sich an dem dreiteiligen Stamm des Silberahorns emporgezogen. Nun hat er seine Altersform erreicht und beginnt herabzuwallen und zu blühen.

schwarze, giftige Beeren trägt. Leider sieht man auch ihn viel zu selten.
Eines muss beim Begrünen von Bäumen aber generell beachtet werden! Im Wurzelbereich alter Bäume ist es in der Regel sehr trocken. Sollen unsere Kletterpflanzen hier gedeihen, müssen wir sie zumindest am Anfang gegen die Wurzeln der Bäume abschirmen. Man pflanzt sie deshalb in ein weites Tonrohr, einen Holzkübel oder einen alten Eimer ohne Boden, den man in die Erde einlässt. Auf diese Weise bleibt der Wurzelhals frei und unten können die Wurzeln das Gefäß verlassen.

Tipp:

Man kann den Topf ohne Boden auch bepflanzen, bevor man ihn in den Boden bringt. Dazu stellt man ihn auf eine starke, etwa 60 x 60 cm große Folie. Nach dem Einpflanzen kann man die Entwicklung der Pflanze einige Zeit beobachten. Erst wenn diese zufriedenstellend ist, wird das Pflanzloch vorbereitet. Nun werden die vier Ecken der Folie hochgeschlagen, angehoben und in das Pflanzloch abgesenkt. Die Folie wird herausgezogen und der Topf im Erdreich verfestigt.

Kletterpflanzen als Bodendecker

Efeu, Wilder Wein und die Kletterhortensie sind allesamt hervorragende Bodendecker. Sie breiten sich dicht und weit aus und sind das beste Mittel gegen Unkrautplagen. Efeu überzieht ganze Waldschattenpartien mit einem immergrünen Rasen und verdeckt willig zeitweilig kahle Stellen. Ähnlich verhält sich der Wilde Wein, doch sollte der Pflanzort für ihn ein wenig sonniger sein. Auch die Kletterhortensie liebt es sonnig bis halbschattig. Für die ersten zwei bis drei Jahre ist etwas Geduld vonnöten, bis sie richtig Fuß gefasst hat. Dann allerdings treibt sie sehr stark und muss im Zaum gehalten werden, soll sie ein vorgeschriebenes Gebiet nicht verlassen.
Und natürlich kann man auch hier wieder auf *Clematis* zurückgreifen, auf die rote Italienische Waldrebe (*Clematis viticella*), die blau blüht, und deren Hybriden, die den Boden vom Juli bis zum Herbst überreich mit kleinen Blüten von weiß bis rot und purpur bedecken. Ebenfalls geeignet ist die ungeheuer reich blühende Sorte 'Jackmanii'.
Bei der Planung des geeigneten Standorts für Bodendecker sollte nicht außer Acht gelassen werden, dass die Pflanzen jede Gelegenheit ergreifen werden, sich an allem, was in der Reichweite der Ranken steht, emporzuziehen. Ist das nicht erwünscht, müssen »im Weg stehende« Pflanzen umgesiedelt werden. Der Bodendecker selber sollte ständig im Auge behalten und geschnitten werden. Eventuell kann man auf weniger stark rankende Sorten zurückgreifen.
Ein wenig Großzügigkeit scheint angebracht, erzielt man doch durch die gleichzeitige vertikale und horizontale Ausbreitung erst den richtigen Effekt.

Oben: Von Natur aus eher strauchig als kletternd, eignet sich *Clematis heracleifolia* hervorragend als Bodendecker.

Unten: Weiß oder purpurrot füllt *Clematis viticella* 'Purpurea Plena Elegans' große Bodenflächen aus. Hier hat sie sich jedoch den Zaun erobert.

Rechts: Hier überwuchert eine Kletterhortensie einen uralten Walnussbaum und macht ihn zu etwas »Besonderem«, so, als stünde er in einem Märchenwald.

Oben: Kraftvoll hat diese Kletterpflanzengemeinschaft den alten Torbogen erobert.

Oben und links: Das A und O ist richtiges Werkzeug, an dem Sie nicht sparen sollten.

Pflanzen und pflegen

Eine Frage des Standorts

Rechts: Wunderschön anzusehen mit ihrer Blütenfülle und dem ungebändigten Wuchs sind diese weißen Rosen. Doch ein wenig sollte auch hier noch „erzogen" werden.

Gepflanzt ist sie schnell, die Kletterpflanze. Doch wie ein kleines Kind braucht sie Liebe, Nahrung und von Anbeginn an die richtige Erziehung. Einige lernen etwas schneller, andere dagegen prüfen erst bedächtig, um dann jedoch ihre geballte Kraft zu entfalten.

Immer aber muss der Gärtner zu Hilfestellungen bereitstehen oder sie in ihrem unbändigen Drang zähmen.

Gut gepflanzt ist halb gewonnen

Die Pflanzvorbereitung

Im vorhergehenden Kapitel haben Sie erfahren, worauf es bei der Auswahl des richtigen Standorts und der Bodenbeschaffenheit ankommt. Besonders wenn Sie der Bodenvorbereitung genügend Aufmerksamkeit geschenkt haben, werden Sie viel mehr Freude an Ihren Pflanzen haben. Das gilt sowohl für die Topfbepflanzung wie auch für die Dauerpflanzung im Freien.
Vor der Pflanzung muss zunächst alles Unkraut im Pflanzbereich sorgfältig entfernt werden. Je nach Pflanze wird nun ein entsprechend großes Pflanzloch ausgehoben, wobei man den Aushub am besten in eine Schubkarre gibt. Man gräbt zwei Spaten tief und lockert den Pflanzboden mit einer Grabgabel zusätzlich auf. Der Durchmesser des Loches soll dabei möglichst den doppelten Durchmesser des Topfes haben, in dem die Kletterpflanze herangezogen worden ist. Der im Schubkarren gelagerte Aushub wird nun durch Beimengungen von Kompost oder mit Rindenhumus aufbereitet. Bei schweren Böden kann man durch Zugabe von Sand die Durchlässigkeit verbessern. Alles wird gut vermengt und ein Teil des Gemenges in das Pflanzloch gegeben. Dabei richtet sich die Menge des Materials nach der notwendigen Pflanztiefe.

Pflanzen in Mauernähe und an Pergolen

An Mauern, Hauswänden oder geschlossenen Zäunen soll die Pflanze mindestens 40 bis 50 cm von der Hauswand entfernt gesetzt werden. So kann sichergestellt werden, dass sie vom Regen erreicht wird und nicht ständig nachgegossen werden muss.
An den Säulen einer Pergola oder freistehenden Säulen kann der Abstand geringer sein, da Regen ungehindert den Boden erreichen kann. Der Pflanzabstand wird hier ohnehin durch das Fundament der Säulenverankerung vorgegeben und liegt damit in der Regel zwischen 25 bis 30 cm. Sollen Bodendecker nicht völlig frei, sondern in Baumnähe gepflanzt werden oder will man die Kletterpflanze an Stützpflanzen emporranken lassen, muss ein größerer Abstand gewählt werden. Vor allem bei Flachwurzlern ist dies wichtig. Abstände von 50 Zentimetern bis zu einem Meter sind hier angebracht. Helfen kann man sich dabei, indem man in das Pflanzloch einen Ton- oder Plastiktopf ohne Boden platziert, und die Pflanze hier hinein setzt. So verhindert man das Eindringen fremder Wurzeln und hält den Wurzelweg der frisch gesetzten Pflanze nach unten frei. Vor allem die *Clematis*-Arten sind für diese Maßnahme dankbar. Der verwendete Topf sollte dabei einen Durchmesser haben, der dem 1,5- bis zweifachen des Anzuchttopfes entspricht.

Tipp:

Ist die Pflanze ballenlos geliefert worden (vielfach bei Rosen), werden zunächst an Wurzeln und Trieben trockene und schadhafte Teile entfernt. Danach wird drei bis vier Stunden gewässert. Erst dann erfolgt die Pflanzung entsprechend der Beschreibung.

Oben: Der Aushub aus den Pflanzlöchern wird in einer Karre durch entsprechende Beimengungen aufbereitet. Soll eine Rose an die Stelle gepflanzt werden und es stand bereits vorher eine Rose dort, muss der Boden ausgetauscht werden.

Tipps aus der Praxis: Pflanzen, aber richtig

Vor der Pflanzung werden die Töpfe zunächst gewässert. Man taucht dazu Topf und Pflanze für etwa eine Stunde in Wasser und lässt ihn danach 60 bis 90 Minuten abtropfen – aber nicht in praller Sonne! Danach nimmt man die Pflanze vorsichtig aus dem Topf und entfernt mit einer Schere faule, abgeknickte und zu lange Wurzeln.

Beim Einsetzen in das Pflanzloch muss man darauf achten, dass die Pflanze nicht zu tief oder zu hoch steht. Eventuell füllt man Material aus dem Schubkarren nach. *Clematis* und Glyzine mögen es gern ein wenig tiefer. Hierzu erhalten Sie Informationen beim Kauf der einzelnen Pflanzen – wenn nicht, sollten Sie das Thema ansprechen. Beim Einfüllen des Bodens muss man vorsichtig vorgehen, um die Wurzeln nicht zu beschädigen. Ist der Pflanzballen zerfallen und liegen die Wurzeln frei, ist darauf zu achten, dass man sie beim Einfüllen nicht alle nach unten drückt, sondern die seitlich wachsenden immer wieder anhebt und flach einbettet. Nun wird das eingefüllte Erdreich rund um die Pflanze gut festgedrückt, wobei ein Gießrand entsteht. Es wird kräftig angegossen und nach dem Einsickern des Wassers der Gießrand mit lockerem Erdreich aufgefüllt.

Wuchshilfen für den Beginn

Haben Sie Bodendecker gepflanzt, sind Rank- oder Kletterhilfen unnötig. Soll jedoch eine Trägerpflanze Ziel der Berankung sein, muss der Kletterer durch einen Stecken oder gespannten Draht erfahren, in welche Richtung er wachsen soll. Ist die Berankung einer Mauer vorgesehen, muss man bereits bei der Pflanzung darauf achten, dass die Pflanze in einem Winkel von etwa 45 Grad eingesetzt ist. Die Einzeltriebe sind nun aufzufächern und jeder einzeln mit einem Bambusstäbchen ebenfalls im Winkel von 45 Grad dem Wandspalier zuzuführen. Dabei sollten die Triebe lose gebunden werden, da sie in der ersten Zeit leicht abfallen. Ganz widerspenstige Triebe werden geschnitten. Sollen Schlinger an einer Stütze zum Klettergerüst geführt werden, ist unbedingt auf die arttypische Drehrichtung (Winderichtung) zu achten. Legt man einen »Linkswinder« in »Rechtsrichtung« um die Kletterhilfe, stockt das Wachstum der Pflanze, sie mickert vor sich hin und kann sogar eingehen.

Tipp:

Leitstäbe vorsichtig einstecken, um Wurzelbeschädigungen zu vermeiden. Bei der Verwendung von Drähten empfiehlt sich ein Queranker aus Holz, an dem die Drähte befestigt sind. Dieser Anker wird mit in den Boden eingelegt.

Links: Beim Pflanzen an Mauern werden die Pflanzen schräg eingesetzt und über einen Leitstab zum Rankgerüst aufgeleitet.

Oben: Zur Schattierung des Fußes kann man um die frisch gepflanzte Kletterpflanze große Steine drapieren oder – wie hier – einen niedrigen Buchsbaum als Schattenspender setzen.

Links: Hier wurde der Schnitt versäumt. Oben schiebt sich die Pflanze unter die Dachziegel und beginnt unten bereits zu verkahlen – höchste Zeit für einen starken Rückschnitt.

Unten: Aus einem Topf wächst die Kapuzinerkresse empor. Angesiedelt haben sich auch eine Sonnenblume und ein Löwenzahn.

Tipp:

Schlingknöterich schneiden, bevor er sich über das Dach hermacht. Er drängt sich sehr gern unter die Dachziegel und kann sie sogar leicht anheben. Ist er dann verholzt, wird seine Entfernung recht problematisch.

Pflege: Was unbedingt sein muss

Schön und anspruchslos

Vergleicht man Kletterpflanzen mit Sommerblumen, Blütenstauden oder den auf Ertrag gerichteten Gemüsegärten, brauchen sie im Grunde nur wenig allgemeine Pflege. Natürlich sind in der ersten Zeit nach der Pflanzung eine Reihe von Arbeiten für ein gutes Anwachsen der Pfleglinge erforderlich. Haben sie sich aber etabliert, braucht man eigentlich nur bei Bedarf einzugreifen. Die einzigen, manchmal allerdings recht aufwendigen Arbeiten, sind Schnittmaßnahmen, die man vor allem bei Schlingknöterich, Glyzine oder Rosen regelmäßig durchführen muss, wenn sie uns nicht buchstäblich über den Kopf wachsen sollen.

Allgemeine Pflegearbeiten

Die allgemeinen Pflegemaßnahmen sind bei in Kübeln oder Töpfen gehaltenen Kletterpflanzen deutlich aufwendiger. Da sie jährlich beinahe alle im Boden enthaltenen Nährstoffe verbrauchen, muss die obere Erdschicht im Topf oder Kübel regelmäßig erneuert und die Pflanze nach etwa drei Jahren in ein größeres Gefäß umgetopft werden. Bei Kletterern, die im Frühjahr blühen, geschieht dies im Herbst, bei den übrigen kann das auch im Frühjahr vorgenommen werden.

Stehen die Pflanzen im Haus, muss täglich zweimal gegossen werden. Das gilt auch in Trockenzeiten für die im Freien stehenden Töpfe oder Kübel.
Letztlich sind noch umfangreiche Schutzmaßnahmen erforderlich, denn die meisten der Topf- und Kübelkletterer sind kälteempfindlich. Sie benötigen bei Frostgefahr also einen Schutz, müssen entweder warm eingepackt, an einer geschützten Stelle des Gartens in den Boden eingelassen oder noch besser in den Wintergarten transportiert werden – sofern einer vorhanden ist.
Für die lange Zeit an einem Platz im Freien stehenden Kletterer hatten wir bereits bei der Pflanzung den Boden gut aufbereitet. Zur Sicherung eines gesunden Wachstums brauchen die Pflanzen in den ersten Wochen noch unsere besondere Aufmerksamkeit.

Nährstoffgehalt der Düngemittel

	Kali (K_2O)	Stickstoff (N)	Phosphat (P_2O_5)
Mineraldünger			
Ammonsalpeter	–	35 %	–
Kalisulfat	49 %	–	–
Kaliumchlorid	60 %	–	–
Tripl-Superphosphat	–	–	44 %
Volldünger	7 %	7 %	7 %
Organischer Dünger			
Algendünger	2,5 %	2,8 %	0,2 %
Blut- und Fischmehl	–	3,5 %	8 %
Gartenkompost	0,8 %	0,5 %	0,3 %
Holzasche	1 %	0,1 %	0,3 %
Huf- und Hornmehl	–	13 %	–
Kakaoschalen	3,2 %	3 %	1 %
Knochenmehl	–	3,5 %	20 %
Pilzsubstrat	0,3 %	0,7 %	0,3 %
Stallmist	0,5 %	0,6 %	0,1 %
Steinphosphat	12 %	–	26 %
Steintopfasche	10 %	5 %	8 %

Tipp:

Stellen Sie Mulchmaterial mit Ihrem eigenen Kleinhäcksler her, dürfen keinesfalls Küchenabfälle beigemengt werden. Verwenden Sie nur festes und gesundes Schnittmaterial Ihrer Bäume und Sträucher. Sie können der Ausbreitung von Krankheiten nur beikommen, wenn Sie infiziertes Material sofort verbrennen.

Aller Anfang ist schwer: Gießen

Besonders in den ersten Wochen nach der Pflanzung muss der Wurzelbereich stets gut durchfeuchtet sein. Je nach Wetterverhältnissen sollte demnach täglich oder alle zwei Tage gegossen werden. Durch Mulchen im Pflanzbereich kann man die Verdunstung und damit den Wasserverbrauch erheblich vermindern. Damit wird auch eine Austrocknung und Verkrustung des Bodens vermieden und nach starkem Regen Bodenausschlämmung verhindert. Fehlt die Fußbepflanzung noch, verhindert die Mulchschicht auch eine Überhitzung des Pflanzenfußes im Sommer und sein Erfrieren im Winter ebenso wie die Keimung und Ausbreitung lästiger Unkräuter. Doch auch »erwachsene« Kletterer benötigen bei anhaltender Trockenheit einmal pro Woche einen kräftigen Guss.

Weniger ist mehr: Düngung

Auf normalen Gartenböden ist eine ausreichende Nährstoffversorgung unserer Kletterer auch ohne Zutun des Menschen gewährleistet. Haben wir den Boden doch vor der Pflanzung aufbereitet und bezüglich der Anforderungen die richtige Pflanze ausgewählt.
Wie alles Neugeborene oder Frischgepflanzte sind Jungpflanzen in der Anfangszeit sehr empfindlich und beschränkt in ihrer Aufnahmefähigkeit. Sie brauchen noch Nährstoffe, die man ihnen in vorsichtiger Form verabreichen muss. Am besten geeignet hierfür sind organische Dünger wie Kompost, Hornspäne und Rinden- oder Laubmulch. Dadurch werden die Nährstoffvorräte im Boden wieder aufgefüllt und die Bodenstruktur insgesamt verbessert. Soll der Fuß unserer Kletterpflanze frei bleiben, sollte man diese fünf bis zehn Zentimeter dicke Schicht jährlich erneuern, da die alte dann weitgehend verrottet ist. Ist der Fuß unter Pflanzen versteckt, sollte bei Bedarf – am besten einmal jährlich – ein Langzeitdünger aufgebracht werden. Die Dosierung ist auf der Verpackung angegeben.

Damit es schöner aussieht: Reinigungsarbeiten

Verwelkte Blüten und Triebe beeinflussen das Gesamtbild einer Pflanze negativ. Man entfernt sie, um damit die Pflanze zu neuem Blühen anzuregen. Bei einmal blühenden Rosen und anderen Frucht tragenden Kletterern bringen die Früchte (Hagebutten) auch im Herbst und Winter Farbe in den Garten. Als Vogelfutter sind sie sehr geschätzt.
Bei vielen Arten kann man die Blütezeit wesentlich verlängern, wenn beizeiten etwa 25 bis 30 % der verblühten Triebe entfernt werden. Schießen neue Triebe in alle Himmelsrichtungen, bringt man sie in die gewünschte Richtung und befestigt sie gut. Ganz sperrig wuchernde Triebe werden zurückgeschnitten.

In Form gebracht

Der richtige Schnitt

Selbstverständlich wachsen unsere Kletterer auch ohne Schnitt. Sie tun dies ja auch in der freien Natur. Erwartet man von ihnen jedoch eine repräsentative Gestalt, kräftiges Wachstum und Blütenfülle, wird ein fachgerechter Schnitt unerlässlich. Wer also keine totale Überwucherung möchte, muss das Wachstum seiner Kletterer in geordnete Bahnen lenken und regelmäßig schneiden. Bei sehr starkwüchsigen Kletterern wie dem Schlingknöterich ist eine Erziehung nach dem ersten Jahr kaum mehr möglich. Hier kann nur versucht werden, seinen Entwicklungsdrang in Grenzen zu halten, wenn er das vorgegebene Terrain zu verlassen droht. Jeder Schnitt muss zielgerichtet erfolgen, sonst verliert der Kletterer seine arttypische Gestalt und beginnt möglicherweise zu verkahlen. Man sollte deshalb folgende Regeln unbedingt einhalten.

Faustregeln für den richtigen Schnitt

Jeder Schnitt verursacht einen Nährstoffstau an der Schnittstelle und beeinträchtigt das Wachstum unserer Kletterer. Einerseits führt das durch Aufwallung des Gewebes an den Wunden bald zu einem völligen Wundverschluss, andererseits wird der Saftstrom umgeleitet, wodurch in der Nähe der Wunde liegende Knospen und Triebansätze verstärkt austreiben. Dieser Neuaustrieb wird umso kräftiger sein, je stärker der Rückschnitt war. Das bedeutet, dass man durch einen starken Rückschnitt, den so genannten Verjüngungsschnitt, Pflanzen verjüngen kann.
Ganz wichtig ist die Schnittzeit. Für unsere Kletterer gilt, dass der Sommerschnitt bei Frühjahrsblühern gleich nach der Blüte erfolgt, der Winter- oder Vorfrühjahrsschnitt bei den im Sommer und Herbst blühenden Arten. Gilt es allerdings eine Krankheit einzudämmen, muss der Schnitt ohne Rücksicht auf die Jahreszeit unverzüglich erfolgen.

Beim Werkzeug spart man nicht

Das Werkzeug sollte nicht aus der Wühlkiste stammen. Es muss technisch einwandfrei und scharf sein, denn es soll schneiden und nicht quetschen. Wir benötigen für die weichen Triebe sowie die Wundpflege das Baummesser (Hippe) und für alles andere unsere gute Gartenschere. Sind die Triebe zu dick, hilft man sich mit einer Astschere. Auch die Heckenschere kann nützlich sein, wenn viele abgestorbene oder schwache Triebe zu entfernen sind. Sollte tatsächlich einmal eine Säge benötigt werden, greift man am besten auf die taschenmessergroße, aufklappbare Handsäge zurück. Mit ihr lässt sich an und in unseren Rankgittern recht gut hantieren: Für die üblichen Baumsägen ist da kein Platz.

Tipp:

Vorhandenes Werkzeug vor dem Schnitt auf seine Funktionsfähigkeit überprüfen. Es muss auf jeden Fall scharf sein, darf nicht quetschen und soll den Trieb glatt und vollständig durchtrennen. Es empfiehlt sich, alle Scheren und Messer jährlich schleifen zu lassen. Beim Neukauf sollte unbedingt auf gute Qualität geachtet werden.

Links: Hier wird offensichtlich nur geschnitten, wenn kein Tageslicht mehr durch die Fenster dringt. Die Jungfernrebe hat diese Fassade total erobert.

Die richtige Schnitttechnik

Willkürliches Schneiden schadet der Pflanze und bringt nicht den gewünschten Erfolg. Keinesfalls darf an beliebiger Stelle zwischen zwei Augen geschnitten werden! Die richtige Schnittstelle liegt etwa drei Millimeter über dem Auge, das in die Richtung weist, die der neue Trieb einmal einschlagen soll. Schneidet man zu hoch über der Knospe ab, vertrocknet der Triebrest über ihr, bildet einen hässlichen Stummel und ist für Krankheiten sehr empfänglich. Schneidet man zu kurz, kann die Knospe leicht geschädigt werden.
Man setzt den Schnitt schräg an, und zwar so, dass die sich auf der Schnittstelle sammelnde Nässe nicht auf das Auge abtropfen kann. So lassen sich Infektionen vermeiden.

Richtig schneiden (links) will gelernt sein. Fehler beim Schnitt schaden der Pflanze und bringen Verlust der Blütenfülle (Mitte: zu hoch, rechts: zu tief).

In die Wege leiten: Erziehungs- und Formschnitt

Mit dem Festbinden nach der Pflanzung haben wir den ersten Schritt zur Erziehung unserer Kletterer getan. Während der Wachstumsperiode hat die Pflanze sich kräftig entwickelt und Triebe gebildet. Solange diese noch biegsam waren, haben wir sie auf den gewünschten Weg geführt und sorgfältig befestigt. Ist nach dem ersten Winter kein Frost mehr zu erwarten, muss der erste Schnitt erfolgen. Dabei werden die Seitentriebe, die für den geplanten Aufbau günstig gewachsen sind, bis zu einem geeigneten Auge zurückgenommen. Ungünstig gewachsene Triebe ganz entfernen, zu dichte Stellen im Inneren ausdünnen, vertrocknete und frostgeschädigte Teile entfernen.
In der folgenden Wachstumsperiode entwickelt sich nun an den Schnittstellen der Seitentriebe eine ganze Reihe von neuen Trieben, die wir in die gewünschte Bahn leiten müssen und die bereits die Grundform erkennen lassen. Die gesamte Prozedur wiederholt sich nun im folgenden Frühjahr und unter Umständen auch noch im dritten Jahr. Maßgebend dabei ist, wie schnell die Pflanze das vorgegebene Ziel erreicht hat und wie zufrieden wir mit ihrer Entwicklung sind.

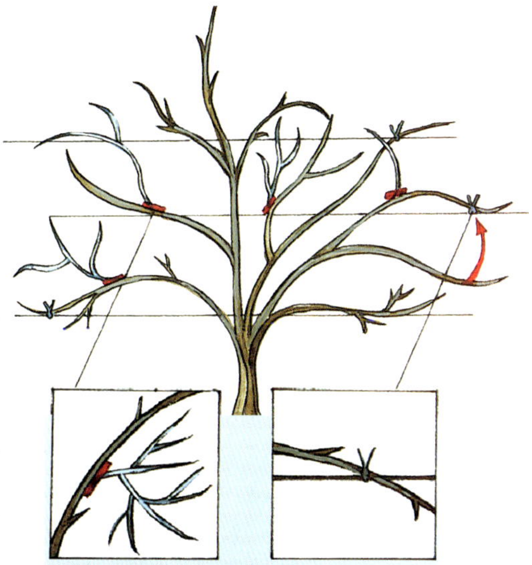

Eine Kletterpflanze beginnt nach dem Pflanzen schon mit kräftigem Wuchs. Damit man einen gesunden und kräftigen Aufbau erhält und sie in die richtigen Bahnen lenken kann, muss man bereits im frühen Frühjahr des auf die Pflanzung folgenden Jahres das erste Mal schneiden.

Rechts: Gutes Werkzeug ist sehr wichtig. Die dargestellte Grundausrüstung sollte jedoch noch um eine kleine aufklappbare Handsäge erweitert werden.

In Form bleiben: Erhaltungsschnitt

Sind unsere Kletterer einmal eingewachsen, sollen Erhaltungs- oder Pflegeschnitte dafür sorgen, dass sie ihre typische Form behalten und für lange Jahre ihre Blühfähigkeit nicht verlieren. Außerdem muss altes und abgestorbenes Holz entfernt werden. Überlässt man die Pflanzen völlig sich selbst, geraten sie nicht nur aus der Form, sondern neigen bald an einzelnen Stellen zur Verkahlung, lassen in der Blühwilligkeit nach und können frühzeitig vergreisen. Einige Arten, wie den Wilden Wein und den Efeu, können wir dabei ausklammern – bei ihnen sind im Normalfall nur leichte Korrekturen erforderlich.

Die günstigsten Schnittzeiten haben wir bereits erwähnt. Sie hängen stets von der Blütezeit ab und natürlich davon, ob die Kletterer am diesjährigen oder am vorjährigen Holz blühen. Das ist leicht zu unterscheiden, da die einen noch frisch und biegsam sind, die anderen jedoch bereits eine graubraune Färbung angenommen haben und sich hart anfühlen.

Grundsätzlich kann man die Schnittzeit nach der Entwicklung der Blütenknospen bestimmen. Da sich bei Frühjahrsblühern diese Entwicklung bereits im Vorjahr vollzieht, würde ein Winterschnitt die ganze Pracht des nächsten Jahres bereits im Keim ersticken. Man schneidet deshalb gleich nach der Blüte im Sommer. So können sich die neuen Triebe noch vor dem Winter gut entwickeln. Bei rechtzeitigem Schnitt können einige Arten sogar ein zweites Mal blühen.

Naturgemäß sind an diesjährigem Holz blühende Kletterer Sommerblüher. Dazu zählen allerdings auch einige Arten, die kurz vor Winterbeginn noch neue Triebe gebildet haben. Hier wird ein Winterschnitt im Spätwinter oder im ganz frühen Frühjahr vorgenommen. Auch Immergrüne können nun geschnitten werden, Arten, die am vorjährigen Holz blühen, allerdings erst nach der Blüte.

Tipp:

Die Glyzine erfordert Sonderbehandlung. Jeder kräftige, belaubte Trieb muss im Spätsommer auf etwa vier bis fünf Blätter eingekürzt und im Winter noch einmal auf zwei bis drei Augen zurückgenommen werden. Haben sich nach dem Sommerschnitt Neutriebe gebildet, sind diese nun auf etwa 15 bis 20 Zentimeter einzukürzen.

Kletterpflanzen, die am jungen, frischen Holz (diesjährige Triebe) blühen, schneidet man im frühen Frühjahr auf etwa fünf bis sechs kräftige Augen zurück. Zu dichte Stellen werden ausgelichtet und krankes Holz bis auf gesunde Teile eingekürzt.

Am vorjährigen Holz blühende Kletterpflanzen schneidet man im Frühsommer, gleich nach der Blüte. So können sich noch vor dem Winter neue Triebe bilden, die dann im Folgejahr wieder reichlich blühen.

Jungbrunnen: Verjüngungsschnitt

Ein über Jahre hinweg vernachlässigter, vor allem starkwüchsiger Kletterer beginnt mit der Zeit zu vergreisen. Von der Basis her zeigen sich dicke Triebe, denen die Belaubung bald völlig fehlt. Immer mehr wird sie in die Triebspitzen abgedrängt, und die Blühwilligkeit nimmt stark ab. Hier muss verjüngt werden. Viele vertragen einen Rückschnitt bis zur Basis herunter, wer jedoch sichergehen will, teilt sich diese Arbeit auf zwei oder besser drei Jahre auf. Dabei entstehen allerdings komplizierte Entflechtungsarbeiten, die viel Zeit beanspruchen. Zeigen sich die ersten Triebe bei der so gestutzten Pflanze, muss nach den bekannten Regeln wieder mit ihrer Erziehung begonnen werden.

Sonderfall: Der Schnitt von Kletterrosen

In den beiden ersten Lebensjahren werden Kletterrosen nicht geschnitten. Man entfernt nur abgestorbene und kranke Triebe. Dann allerdings beginnt die Erziehungsprozedur mit Führung und Befestigung der Triebe. Schnittzeit ist in der Regel nach der Blüte. Dabei müssen möglichst alle verwelkten Blüten entfernt werden, sie verfaulen sonst sehr schnell und ziehen Krankheiten und Pilze an. Starke Haupttriebe schneidet man nur, wenn sie über das vorgesehene Maß hinauswachsen. Seitentriebe sollten allerdings immer eingekürzt werden. Bei günstigen Wetterbedingungen bringt die Pflanze noch vor dem Winter frische Triebe, die allerdings nicht mehr verholzen können. Da diese in jedem Fall erfrieren und empfänglich für Krankheitskeime sind, sollten sie noch vor dem ersten Frost entfernt werden. An Pergolen waagerecht geführte Triebe bringen schon bald eine Fülle von überlangen Seitentrieben, die das gesamte Erscheinungsbild beeinflussen und das Dach der Pergola völlig verfilzen. Ist das einmal eingetreten, wird jeder Schnitt zu einer Tortur und die Infektionsgefahr steigt rapide an. Bereits im Frühjahr kürzt man deshalb diese Seitensprossen auf etwa drei bis vier Augen ein – keinesfalls sollte man versuchen, diese Triebe in die Waagerechte umzuleiten.

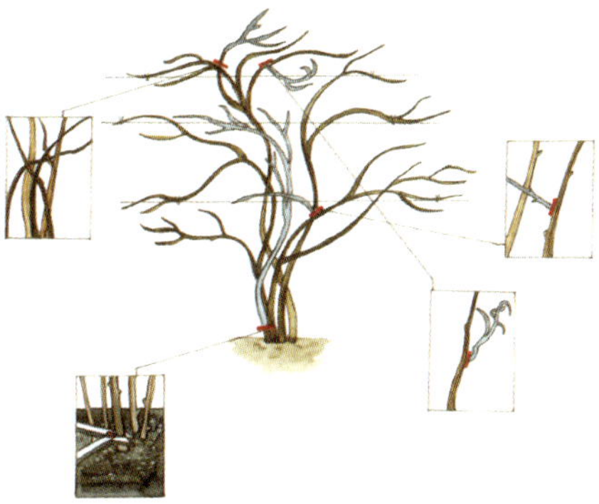

Eine Verjüngung kann nur durch kräftigen Rückschnitt im Frühjahr und verteilt auf etwa zwei bis drei Jahre erfolgen. Dazu wird etwa ein Drittel der Triebe bis auf den Boden zurückgenommen, krankes, abgestorbenes und schwaches Holz entfernt und bei sehr dichtem Wachstum sorgfältig ausgelichtet.

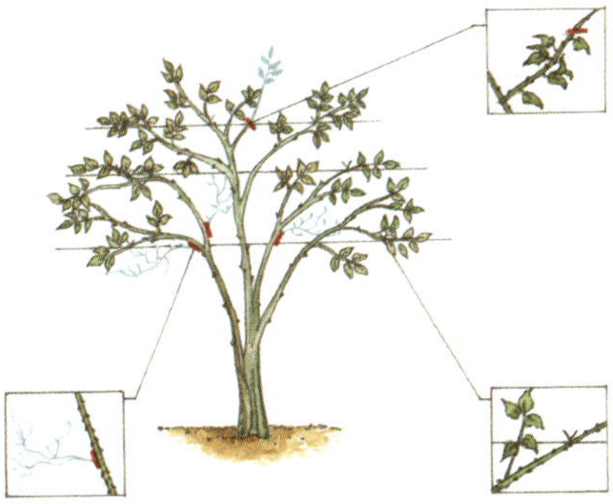

Beim Erziehungsschnitt von Rosen wird in den ersten beiden Jahren nur unproduktiver Wuchs entfernt. Erst vom dritten Jahr an muss regelmäßig nach der Blüte geschnitten werden.

Rambler-Rosen mit ihren langen, weichen Trieben schneidet man nach der Blüte im Spätsommer. In den ersten beiden Jahren nach der Pflanzung schneidet man nur die Seitensprossen bis zu einem kräftigen Auge zurück. In den Folgejahren werden alte Triebe über dem Boden entfernt und schwachwüchsige bis auf etwa ein Drittel eingekürzt.

Fassadenschädigung oder nicht? – Probleme mit Kletterpflanzen

Natürlich kann es mit Kletterpflanzen – vor allem bei der Begrünung von Fassaden – Probleme geben. Sucht man jedoch nach den Gründen, wird man immer Unkenntnis und Bequemlichkeit des Menschen hierfür verantwortlich machen müssen.
Probleme können durchaus vermieden werden, wenn man ganz bewusst Fassade und Pflanze aufeinander abstimmt. So muss vermieden werden, Wurzelkletterer an eine frisch renovierte Fachwerkfassade zu pflanzen. Man sollte sich auch hüten, den Knöterich an eine mit Holzschindeln verkleidete Fassade zu setzen und eine Glyzine am Fallrohr der Regenrinne hochzuleiten. Leider sind das häufige Fehler und Ursachen für spätere Probleme.
Dabei sind es eigentlich nur die Selbstklimmer wie Efeu, Wilder Wein oder die Jungfernrebe und natürlich der unbändige Schlingknöterich, die zu Problemen werden können. Die aber lassen sich vermeiden, wenn man selbst ein wenig Überlegung und Zeit investiert.

Rechtliche Probleme!
Vor der Pflanzung von Kletterern gibt es aber auch noch eine rechtliche Seite zu bedenken! Wenn Sie Besitzer eines Reihenhauses oder einer Doppelhaushälfte sind, sollten Sie sich im Vorfeld mit Ihren Nachbarn absprechen, um späteren Ärger zu vermeiden. Bei einer Eigentumswohnung ist die Zustimmung der Eigentümergemeinschaft notwendig. Als Mieter eines Hauses müssen Sie die Genehmigung des Besitzers einholen, bevor Sie darangehen, Ihre Fassade mit mehrjährigen Kletterern zu begrünen.

Drei Grundregeln zur Vermeidung von Problemen
1. Vermeiden Sie Selbstklimmer an Fassaden, die regelmäßigen Erhaltungsarbeiten ausgesetzt sind, also an Platten- oder Holzverkleidungen, kunststoffbeschichteten Putzen und natürlich an Fachwerk. Für derartig bearbeitete Fassaden gibt es speziell konstruierte Gerüste, die umgelegt werden können und damit den Zugang zur Fassade ermöglichen. Entsprechend fällt dann auch die Auswahl Ihrer Pflanzen aus.

2. Prüfen Sie genau den Zustand der Fassade auf Schäden im Putz, Risse im Mauerwerk und Feuchtigkeit. Intaktes Mauerwerk mit trockener Putzoberfläche ist auch bei Einsatz von Selbstklimmern nicht gefährdet. Überprüfen Sie regelmäßig den Zustand der Wand.

3. Schneiden Sie rechtzeitig, um so einer Überwucherung von Dachziegeln und Verschindelung vorzubeugen. Einige Kletterer schieben Haftwurzeln oder Rankorgane gerne in dunkle Zonen vor, um sich dort zu verankern. Sie wachsen hinter Verkleidungen oder unter Dachziegeln weiter und sprengen Ziegel und Verkleidung einfach auf, wenn das Dickenwachstum einsetzt.

Die wichtigsten Schädlinge und Krankheiten

Vorbeugen ist besser als heilen!

Schädlinge und Krankheiten treten in jedem Garten auf. Schädlinge können Pflanzen völlig zerstören, sie zumindest in ihrem Wachstum erheblich beeinflussen. Das gilt auch für Krankheiten, die durch Bakterien, Viren oder Pilze verursacht werden. In der Regel geht beides Hand in Hand, denn durch Schädlinge geschwächte Pflanzen sind auch in ihrem Immunsystem beeinträchtigt und deshalb besonders anfällig für Infektionen.
Wurde bei der Bodenvorbereitung und der richtigen Pflanzenauswahl sorgfältig gearbeitet, besteht kein Grund zur Unruhe, denn Kletterpflanzen verfügen über einen unbändigen Lebenswillen und sind robust genug, vieles zu überstehen. Nur im Anzuchtbeet ist Vorsicht geboten, denn alles frische Grün ist für Schnecken und andere lästige Zeitgenossen ein wahrer Leckerbissen.

Rechts: Virose kann jede Pflanze befallen und ist nicht heilbar.

Rechte Seite oben: Die Fusariumwelke erfordert eine vollständige Vernichtung der befallenen Pflanze.

Unsachgemäße Düngung, Vernachlässigung und ein falscher Schnitt schwächen die Pflanzen jedoch erheblich und öffnen Schädlingen Tür und Tor.
Auch wenn Sie überzeugt sind, wirklich alles getan zu haben, wird sich ein Krankheits- und Schädlingsbefall nicht immer vermeiden lassen. Natürlich kann man an den robusten mehrjährigen Kletterern Raupen, Spinnmilben und Läuse bis zu einem gewissen Grad tolerieren, doch besser ist es, sofort mit Spritzmitteln zu reagieren, um der Verbreitung entgegenzuwirken.
Schäden durch Krankheiten und Pilzbefall fordern häufig über einen totalen Rückschnitt der Pflanze hinaus ihre völlige Vernichtung. Sind einjährige Kletterer befallen, sollte dies keine Frage sein.

Erkrankungen bei Kletterpflanzen

Virose an Wicken

Merkmal: Kleine verkrüppelte Blüten mit Streifen und Aufhellungen, gestörtes Wachstum.
Grund: Durch Viren hervorgerufene Krankheit, die jede Pflanze befallen und sehr leicht durch Gartenwerkzeug oder Hände und anderes übertragen werden kann.
Abhilfe: Pflanze sofort vorsichtig ausgraben und vollständig verbrennen. Niemals am gleichen Ort neue Pflanzen setzen.

Fusariumwelke an Wicken

Merkmal: Schwarze Blattflecken mit weißlich-rosa gefärbtem Pilzbelag.
Grund: Durch Pilzbefall hervorgerufene Welke, unheilbar.
Abhilfe: Pflanzen entfernen und sofort verbrennen. Boden der Pflanzstelle und der Umgebung sorgfältig entsorgen und eine neue Bodenschicht auftragen.

Hallimasch an Glyzinen

Merkmal: Am Stammfuß und in der Erde bilden sich büschelweise dicke Fruchtknoten.
Grund: Ein nicht heilbarer Pilzbefall, der als »Hallimasch« bezeichnet wird.
Abhilfe: Pflanze so weit wie möglich ausgraben und verbrennen.

Links unten: Bei Hallimaschbefall hilft nur radikale Vernichtung der Pflanze durch Verbrennen.

Stammverletzungen bei Clematis

Merkmal: Der Stamm stirbt ab, es zeigt sich ein übel riechender gelblich-rosa oder weißer Ausfluss.
Grund: Schleimfluss, der durch eine Verletzung des Stammes entstanden ist.
Abhilfe: Bis tief in das gesunde Holz zurückschneiden. Bei ausreichender Düngung und genügend Feuchtigkeit entwickelt die Pflanze schnell neue Triebe.

Clematiswelke

Merkmal: Endknospen welken, die Blattstiele färben sich dunkel und ganze Pflanzenteile sterben ab.
Grund: Durch Pilzbefall (*Ascochita clematidina*) hervorgerufene »Clematiswelke«, die sowohl durch Trockenheit als auch durch schlechte Dränage verursacht werden kann.
Abhilfe: Befallene Triebe möglichst bis in den Boden zurückschneiden. Künftig für gleichmäßige Feuchte sorgen. Staunässe vermeiden!

Stengelfleckenkrankheit bei Clematis

Merkmal: Braune oder schwarze Flecken auf den Blättern und Trieben, Triebteile sterben ab.
Grund: Stengelfleckenkrankheit, durch Pilze oder Bakterien verursacht.
Abhilfe: Blätter absammeln und verbrennen, die Triebe werden bis in das gesunde Holz zurückgeschnitten. Lassen Sie sich bei einem Gegenmitteleinsatz vom Fachmann beraten.

Links oben: Blattkräuselung mit Blattfäule durch Falschen Mehltau.

Links unten: Hier erkennt man den weißgrauen Pilzbelag des Echten Mehltaus.

Unten: Gegen Sternrußtau bei Rosen muss etwas getan werden.

Rechte Seite ganz unten: Deutlich erkennbar sind der Honigtaubelag und die beginnende Schwarzfärbung des Blattes.

Echter Mehltau an Reben

Merkmal: Weißgrauer Pilzbelag mit späterer Braunfärbung.
Grund: »Echter Mehltau«, der bei schwächlichen Pflanzen und zu trockenen Standorten auftritt.
Abhilfe: Auf kräftige Neupflanzen achten. Mit einem Fungizid, Netz-Schwefelit, Schwefel oder Pilzfrei Saprol-Neu spritzen.

Falscher Mehltau an Hopfen

Merkmal: Wuchsstauchung, Blattkräuseln und folgende Blattfäule.
Grund: Eine Pilzkrankheit mit der Bezeichnung »Falscher Mehltau«.
Abhilfe: Spritzung mit Spezial-Pilzfrei-Aliette an beiden Blattseiten vornehmen.

Sternrußtau an Rosen

Merkmal: Kreisrunde, schwarze Blattflecken und frühes Vergilben.
Grund: Pilzkrankheit »Sternrußtau«.
Abhilfe: Man spritzt bei feuchter Witterung wechselweise zum Beispiel Saprol und Baymat. Alternativ zu empfehlen sind allgemein Maßnahmen zur Stärkung der Pflanze, beispielsweise Düngung mit Azet-Rosendünger und ab Ende Mai regelmäßig mit Neudorff-Vital spritzen.

Durch Schädlinge hervorgerufene Schadbilder

Tierische Schädlinge lassen sich in der Regel leichter bekämpfen als etwa Pilzinfektionen, sofern sie nicht bereits zu Folgeinfektionen geführt haben. Im Folgenden finden Sie die wichtigsten Schädlinge beschrieben und Tipps, wie man mit ihnen umzugehen hat.

Schnecken

Merkmal: Lochfraß, Stengelfraß und Schleimspuren.
Grund: Nacktschnecken, die sich mit Vorliebe der Anzuchtbeete annehmen.
Abhilfe: Ferramol streuen; wenn es möglich ist, Eier bloßlegen und vernichten. Auf organische Düngung verzichten und die Mulchschicht entfernen.

Blattlausbefall

Merkmal: Vom Honigtau klebrige Blätter, die sich schwarz verfärben.
Grund: Blattlausbefall.
Abhilfe: Im Mai wird mit Neudosan-Neu oder Pyrethrum gespritzt. Bei starkem Befall folgt im Winter eine Spritzung mit Mitteln auf Rapsöl- oder Fettsäurebasis, die die Eier vernichten soll.

Unten: Ein Blattlochfraß durch Nacktschnecken ist hier deutlich erkennbar.

Unten Mitte: Blattlausbefall eines jungen Triebes. Bald zeigen sich Ameisen.

Links oben: Hier hat sich ein Dickmaulrüssler an einem Blatt des Wilden Weines gütlich getan.

Links unten: Wenn Sie den Dickmaulrüssler finden, herrscht Alarmstufe Rot.

Wussten Sie...

...dass Ohrwürmer Nachtjäger sind und sich am Tag vor Vögeln hüten müssen,
...dass sie bei ihren Jagdzügen z.B. auf Obstbäumen gigantische Mengen an Blattläusen vernichten und
...dass man ihnen dort ganz bewusst Asyl in Tontöpfen gewährt.
...dass der Dickmaulrüssler unsere Pflanzen in zweifacher Hinsicht schädigt, da bereits seine Larven durch Wurzelbefraß junge Pflanzen völlig absterben lassen und selbst starke, ältere Pflanzen nachhaltig schädigen können und
...dass der flugunfähige Käfer nachts mit Vorliebe *Euonymus*, Hortensien, Reben, Kamelien und Rhododendrengewächse heimsucht.

Ohrwürmer

Merkmal: Blattbefraß bei jungen Blättern und befressene Blüten im Sommer. Besonders häufig bei *Clematis*.
Grund: Hier sind Ohrwürmer aufgetreten, die offensichtlich besonders diese Pflanze mögen.
Abhilfe: Vernichten Sie die Würmer nicht. Man füllt Tontöpfe mit Holzwolle und steckt sie mit der Öffnung nach unten auf einen Stab. Weit vom Fangort entfernt werden dann die Töpfe später entleert.

Dickmaulrüssler

Merkmal: Die Blattränder in Bodennähe zeigen von Frühjahr bis Herbst bogenförmige Fraßstellen.
Grund: Der Dickmaulrüssler, ein schier unersättlicher Käfer, der es mit jeder Pflanze aufnimmt. Besonders an Reben vergreift er sich gerne.
Abhilfe: Mulchschicht und pflanzliche Abfälle an der Bodenoberschicht entfernen und den Boden gründlich reinigen. Im Gartenhandel erhältliche Nematoden nach Vorschrift einsetzen.

Unten: Unter den Wachswollhäufchen machen sich Schildläuse breit.

Links oben: Schmierläuse in Aktion. Schnelle Hilfe tut Not!

Links unten: Gallmilben verursachen diesen blasigen Blattausschlag. Nur Entfernen und Verbrennen der Blätter hilft.

Schmierläuse

Merkmal: Weiße Wollflocken in Triebverzweigungen und Blattachseln. Langsam wächst ein schwarzer, klebriger Belag.
Grund: Schmierlaus
Abhilfe: Durch Marienkäfer kann die Schmierlaus biologisch bekämpft werden. Sonst wird alle zwei Wochen mit »insektizider Seife« gespritzt.

Gallmilben

Merkmal: Die Blattoberseite ist blasig aufgetrieben, an der Unterseite zeigen sich fahle Härchen.
Grund: Gallmilben
Abhilfe: Chemische Bekämpfungsmittel sind nicht bekannt. Alle erkrankten Blätter müssen sorgfältig entfernt und sofort verbrannt werden.

Blattschneiderbiene

Merkmal: Kreisförmige und rautenförmige Fraßstellen an den Blatträndern. Rosen sind besonders anfällig.
Grund: Blattschneiderbiene
Abhilfe: Da der Schädiger für die Bestäubung sehr wichtig ist, sollten keine chemischen Mittel zur Bekämpfung eingesetzt werden. Bei zu starkem Befall zerquetscht man den Schädling.

Blattwespen

Merkmal: Kahl gefressene Pflanzen.
Grund: Blattwespenlarven
Abhilfe: Spritzen mit Pyrethrum, bei geringem Befall werden, die Schädlinge nur eingesammelt.

Rosenblattrollwespe

Merkmal: Blätter rollen sich nach unten ein und bilden sich bis Sommerende zu festen Röhrchen aus.
Grund: Rosenblattrollwespe
Abhilfe: Möglichst alle Blätter sofort entfernen und entsorgen.

Gallwespen

Merkmal: Anschwellungen, die von gelben, moosartigen Blättern versteckt werden.
Grund: Gallwespen, die vorwiegend im Spätsommer Wildrosen heimsuchen.
Abhilfe: Eine Bekämpfung ist hier nicht erforderlich.

Links: Befall mit der Rosenblattrollwespe. Das Rollstadium der Blätter ist bereits weit fortgeschritten. Der geschädigte Teil muss entfernt und verbrannt werden.

Mitte rechts und links: Die Larven der Gallwespe sind winzig klein.
Unten: An den geöffneten Gallen sind die Larven der Gallwespe deutlich zu erkennen.

Glanzkäfer

Merkmal: Schwarze Käfer im Blüteninneren.
Grund: Glanzkäfer
Abhilfe: Nicht bekämpfen, der Käfer ernährt sich von Pollen und richtet keinen Schaden an.

Frostspanner

Merkmal: Zerfressene Blätter bis zum Sommeranfang.
Grund: Frostspanner
Abhilfe: Zu Blühbeginn Pyrethrum spritzen, um die Eiablage zu verhindern.

Zikaden

Merkmal: Grobe, blasse Sprenkel zeigen sich auf der Blattoberfläche.
Grund: Zwergzikaden
Abhilfe: Spritzung der Blattunterseiten mit Pyrethrum.

Oben: Es muss nicht immer die Rosenpergola sein. Hier lädt ein berankter Metalltunnel zu einem Spaziergang in den Garten ein.

Links: Die weißen Blüten von *Clematis florida* 'Sieboldi' sind ein reizvoller Blickfang im Garten.

Oben: Vielseitig, schön und unschlagbar im Duft sind Kletterrosen.

Schöne Pflanzideen für den Garten

Wie Kletterpflanzen Ihren Garten verzaubern!

Rechts: Das Geheimnis einer gelungenen Gestaltung ist die harmonische Kombination von Materialien, Pflanzen und Farben.

Jeder Garten ist anders, jeder Garten hat seine eigenen Licht- und Schattenseiten, sein eigenes Kleinklima und seinen eigenen, gewachsenen Charakter.
Die folgenden Beispiele zeigen, wie ein Garten mit Hilfe von Kletterpflanzen gestaltet werden kann. Die Vorschläge sollen in erster Linie Anregungen für eigene, individuelle Lösungen bieten. Sie sollen zeigen, wie vielfältig sich Kletterpflanzen im Garten und am Haus integrieren lassen.
In den einzelnen Vorschlägen wurde der Schwerpunkt auf bestimmte Eigenschaften der jeweiligen Pflanzen gelegt. Dies erleichtert Ihnen die Auswahl für Ihren Garten.

Beet mit Blatt- und Blütenteppich

Die meisten Kletterpflanzen können auch als Bodendecker eingesetzt werden, ganz gleich, ob es sich um Wurzelkletterer, Schlinger, Ranker oder Spreizklimmer handelt. Vor allem bei großflächigen Gartenanlagen ist mit ihrem Einsatz eine erhebliche Arbeits- und Zeitersparnis verbunden. Dabei bringen sie mit ihrer Blütenfülle Abwechslung auch auf unschönen Flächen, halten durch ihre dichte Blattfülle den Boden feucht, schaffen auf diese Weise ideale Bedingungen für das Bodenleben und tragen so zur Bodenverbesserung bei.
Das Schöne an Kletterpflanzen ist, dass sie nicht am Boden bleiben, sondern jede sich bietende Gelegenheit nutzen, um sich emporzuziehen.
Wenn Sie Besitzer eines Grundstücks mit älterem Baumbestand sind, können Efeu, *Clematis*, Geißblatt, Kletterhortensie und Rosen am Boden und auf Bäumen eine wirklich märchenhafte Stimmung zaubern. Düster und wildromantisch wirken solche Gartenpartien, wenn man sich nur auf grüne Pflanzen wie Efeu oder die Jungfernrebe beschränkt – im Nebel wirkt das regelrecht gespenstisch.

Bodendeckende Kletterpflanzen

Name	Blütezeit	Blütenfarbe	Sonstige Merkmale
***Clematis viticella* 'Abudance'**	VI–VIII	weinrot	
***C. v.* 'Minnet'**	VI–VIII	weißviolett	Blüte 7–9 cm
C. recta	VI–VIII	weiß	kleine Blüte
C. durandii	VII–VIII	indigoblau	Blüte 7–8 cm
Efeu *(Hedera)*	Herbst	grüngelb	unscheinbar
Geißblatt *(Lonicera)*	IV–IX		
L. henryi		rot oder gelb	winterhart
L. tellmanniana		orangefarben	farbenprächtig
L. americana		gelb,rötlich	frostempfindlich
Jungfernrebe *(Parthenocissus)*	V–VI	gelbgrün	unscheinbar
Kapuzinerkresse *(Tropaeolum)*	VI–XI	gelb, orange, lachsfarben, rotbraun	stark wuchernd
Kletterhortensie *(Hydrangea)*	VII–VIII	weiß	schirmartig
Rosen:			
'Immensee'	VII–XI	weiß, duftend	nicht gefüllt
'Heideröslein Nozomi'	VII–IX	perlmuttrosa	leicht gefüllt
'Rambling Rector'	VI–VII	cremig weiß	reich blühend
'Bobby James'	VI–VII	cremig weiß	gefüllt, duftend
Sternjasmin *(Trachelospermum)*	VI–VIII	weiß	stark duftend

Blütenteppiche auch für kleine Flächen

Sie können jedoch auch kleine Flächen mit Bodendeckern gestalten. Ein oder zwei Bäume, vielleicht noch ein Fliederstrauch und zum Süden eine Rosenhecke, geben Schatten für einige Rhododendren und einen von Efeu überwucherten kleinen, verwunschenen Platz. Allerdings müssen die Sträucher durch einen jährlichen Schnitt vor dem sich mächtig ausbreitenden Efeu geschützt werden, und wenn Sie im Frühjahr die weiße Pracht von Schneeglöckchen, Buschwindröschen und Krokussen genießen wollen, dann muss dem Efeu so weit Einhalt geboten werden, dass diese sich auch entwickeln können.

Bei der Kombination der Pflanzen ist natürlich einiges zu bedenken. Wichtig ist, dass man die Farben der Blüten wie auch die Blütezeit gut aufeinander abstimmt und auch das Wachstum der einzelnen Pflanzen mit in die Überlegungen einbezieht. Letztlich bleibt die Zusammenstellung der Pflanzen dem persönlichen Geschmack überlassen und natürlich auch dem zur Verfügung stehenden Platz.
Im Grunde weiß man viel zu wenig darüber, welche Kletterpflanzen sich als Bodendecker eignen. Wer hätte das zum Beispiel von der *Clematis* angenommen – oder von den Kletterrosen, von denen sich vor allem die Rambler mit ihren langen schlanken Trieben hervorragend eignen. Sie

Oben: Auch die Aufrechte Waldrebe einet sich zur Begrünung von Flächen.

Unten: Diese Passionsblume in geschützter Lage erobert eine Steintreppe.

Pflanzen für das Bodendeckerbeet

1. Rambler-Rose 'Rambling Rector' (alternativ 'Bobby James')
2. *Clematis recta*
3. *Clematis durandii semperflorens*
4. *Clematis viticella* 'Minuet'
5. Efeu, *Hedera helix* 'Goldheart'
6. kleine Farne

sind in der Lage, große Gartenteile schon bald mit einer ungeahnten Blütenfülle zu überziehen, schaffen dabei allerdings ein schier undurchdringliches Dickicht. Für ein kleines Gärtlein eignet sich so etwas natürlich nicht, doch ein Hang am Ende eines großen Grundstücks, bei dem die Mäherei immer wieder Probleme brachte, lässt sich auf diese Weise in einen Blütenteppich verwandeln und schafft eine deutliche Arbeits- und Zeitersparnis.

Pflanzen für die Terrasse

1. Kapuzinerkresse (*Tropaeolum majus*)
2. Duftwicke (*Lathyrus ordoratus*)
3. Prunkwinde (*Ipomea tricolor*)
4. Schwarzäugige Susanne (*Thunbergia alata*)
5. Maurandie (*Asarina*)
6. Glockenrebe (*Cobea scandens*)
7. Schönranke (*Eccremocarpus scaber*)
8. Blaustrahlhafer
9. *Salvia nemerosa*
10. *Lysimachia ummularia*

Von oben nach unten:
Hopfen
(Humulus lupulus)

Kapuzinerkresse
(Tropaeolum magnus)

Duftwicke
(Lathyrus odoratus)

Zarte Schönheiten für die Terrasse

Viele Gärten sind so angelegt, dass sie ihren Besitzern möglichst wenig Arbeit bereiten. Sie sind zwar grün, doch einen Farbtupfer wird man vergeblich suchen. Und deshalb wirken sie oft steril wie ein Krankenzimmer, unpersönlich und ohne Seele. Farbakzente sollten aber in keinem Garten fehlen, und hierfür bieten sich unsere reich blühenden Kletterpflanzen mit ihrem krautigen, ins Auge fallenden Laub geradezu an. Wo immer man sie auch einsetzt, am Zaun, als Bodendecker oder in Töpfen, stets werden sie die Blicke auf sich ziehen und dem Garten ein völlig neues Gesicht verleihen. Krautige Kletterer sind in der Regel einjährig oder ziehen im Winter ein, um im nächsten Jahr wieder völlig neu auszutreiben, und sie wachsen sehr schnell. Tatsächlich lassen sich einige der krautigen Pflanzen im Wintergarten überwintern, andere wiederum bilden Knollen, die sich – ähnlich wie die Knollen der Dahlie – problemlos im Keller bis zum Aussetzen im Frühjahr lagern lassen.

Vielseitige Kletterer

Krautige Kletterpflanzen lassen sich in unseren Gärten vielfach verwenden. Ob als Bodendecker, an einem Maschendraht- oder Holzzaun oder an einem Gerüst vor einer Wand, das Grün der fleischigen Blätter und die Blütenpracht verzaubern alles. Besonders reizvoll sind freistehende Objekte wie Pfeiler, Säulen, Obelisken und Pyramiden. Die »Krautigen« haben sie schon bald erobert und mit ihrer Blütenpracht überzogen, wobei auch hier geschmacklich abgestimmte Farbkombinationen den Reiz noch erhöhen.
Und dann gibt es je nach Geschmack Kübel und Töpfe für

Krautige Kletterpflanzen

Name	Blütezeit	Blütenfarbe	Sonstige Merkmale
Bomarea caldasii	VII–X	außen: blass rosarot, innen: gelb bis orangefarben	Knollen zum Überwintern ausgraben
Canarina canariensis	II–V	orangerot, dunkelrot geadert	Kübel und Töpfe, im Wintergarten überwintern
Glockenrebe *Cobaea scandens*	VI–X	erst gelbgrün, dann mauve, dann nach Pupur wechselnd	junge Blüten duften unangenehm
Glockenwinde *Codonopsis convolvulacea*	VI–VII	zierliche, zartviolette Sterne, weiße, milchblau geaderte Glocken	Tigerlilienart, sehr gesellige Pflanze
Tigerglocke *C. clematidea*	VII		unangenehm duftend
Hopfen *Humulus lupulus*	VIII	grüngelb bei männlichen und weiblichen Pflanzen	zieht im Winter ein
Duftwicken			
Lathyrus ordoratus	V–IX	von weiß bis violett	einjährig
L. latifolius	IV–IX	weiß und rosa	Pflanze zieht ein und treibt im Frühjahr neu aus
Quetschblume *Thladiantra dubia*	VII–VIII	gelbe Glocken	bei genügendem Winterschutz mehrjährig
Kapuzinerkresse *Tropaeolum*			
T.-peregrinum	VII–X	gelb, trompetenförmig	fünffach gelapptes Blatt
T.- majus	V–X	gelb, orange und rot	Salatblume
T.- tricolorum	VI–X	gelb, rot und rotviolett	ungewöhnliche Blütenform
Prunkwinde *Ipomea tricolor*	VI–IX	blau bis fliederfarben, blühen nur einen Tag	empfindlich bei der Anzucht
Maurandia *Asarina barclayana*	IV–IX	weiß, rosa oder dunkellila mit blasserem Schlund	reich verzweigt, buschig kletternd
Schönranke *Eccremocarpus scaber*	V–IX	orangerot, röhrenförmig	blühen in lockeren Trauben, einjährig
Schwarzäugige Susanne *Thunbergia alata*	VI–X	gelborange mit schwarzem Schlund	kann in hellen Räumen bei etwa 12 °C überwintert werden

den Balkon und die Terrasse und eine ungeheure Auswahl zauberhafter Kletterhilfen verschiedenster Formen, die uns die Kultur unserer Lieblinge wesentlich erleichtern. Diese »mobilen« Kletterer lassen sich leicht in das Gewächshaus oder den Wintergarten transportieren und dort überwintern. Einige von ihnen werden sogar ihr grünes Blattwerk behalten.
Beachtenswert sind die »Krautigen« aber vor allen Dingen für die Häuslebauer. Sie finden nach dem Einzug nämlich außer Dreck, Bauschutt und Aushub keinen Garten vor und es wird eine ganze Zeit brauchen, bis aus dem Chaos so etwas wie ein ansehnliches Grundstück geworden ist. Das muss nicht sein. Ist erst einmal aufgeräumt, können zum nächstmöglichen Termin Krautige ausgesät oder gepflanzt werden. So bleibt der Boden nicht kahl, sondern ist schon bald mit fleischigen, großen Blättern bedeckt. Sie halten den Boden feucht und behindern ganz erheblich die Entwicklung von Unkräutern. Und natürlich lässt die bunte Blütenpracht den frischgebackenen Hausbesitzer ahnen, welche Möglichkeiten der Gestaltung seines Gartens er haben kann. Er kann sich Zeit lassen, genau planen und Meter für Meter an der Verwirklichung seiner Träume arbeiten. So, wie er mit seiner Arbeit vorankommt, nimmt er seine Krautigen zurück. Doch hat er die Möglichkeiten, die sie ihm bieten, erkannt, wird er sie nicht völlig aus seinem Garten verbannen, sondern sich immer wieder mit ihnen einlassen.

Unten: Die Feuerbohne (*Phaseolus coccineus*), schön und nützlich.

Eine Spielecke für die Kleinen

Viele der bei uns einjährig gezogenen Kletterpflanzen sind in südlicheren Gegenden dauerhafte Pflanzen, die nur selten ihr Blattkleid abwerfen und allenfalls ihre Blüte zu gewissen Zeiten einschränken. Natürlich können wir eine Reihe dieser Pflanzen auch über Jahre hinweg bei uns pflegen, sie halten sich aber nur im Kübel und müssen im Wintergarten überwintert werden. Dies bedeutet allerdings, dass die Klassifizierung in einjährige oder mehrjährige Kletterpflanzen im Grunde fließend ist. Einjährige sind kurzlebig und wachsen deshalb schnell. Sie stecken ihre gesamte Energie in eine ungeheure Blatt- und Blütenfülle und halten sie, so lange es nur geht – und sie sind ungeheuer vielseitig. Balkonbesitzer greifen gern auf Einjährige zurück, sie haben gute Auswahlmöglichkeiten und sind hinsichtlich der Farbauswahl keineswegs eingeschränkt.
Überall dort, wo es gilt, Balkon, Spalier, Zaun oder den Boden

Einjährige Kletterpflanzen

Name	Blütenfarbe/-Zeit	Wuchshöhe	Besondere Merkmale
Maurandie *Asarina barclayana*	violettrosa, VI–X	etwa 2,5 m	Blattstielranker, reichlich gießen und düngen
Ballonpflanze *Cardiospermum halicacabum*	weiß, VI –VII	klettert mit verzweigten Ranken etwa 3 m hoch	dekorative, ballonartig aufgeblasene Früchte, unauffällig
Glockenrebe *Cobaea scandens*	gelbgrün violett, Ab VII	3 5 m hoch	klettert mit Blattranken
Flaschenkürbis *Curcurbita pepo*	gelb, V–IX	3–5 m hoch	Ranker mit sehr interessanten Früchten
Schönranke *Eccremocarpus scaber*	rot – orange, ab VI	bis 5 m hoch	braucht volle Sonne
Japanhopfen *Humulus scandens*	gelbgrün unscheinbar, VII–VII	bis 6 m hoch	sehr schnell deckend durch große Blätter
Prunkwinde *Ipomea tricolor*	violettblau mit hellem Schlund, VII –IX	schlingt sich 2 bis 3 m hoch	dekorative, frischgrüne, herzförmige Blätter
Duftwicke *Lathyrus ordoratus*	weiß, blau, rot und rosa, ab VI–X	rankt bis 2,5 m hoch	stark duftende Schmetterlingsblüten
Feuerbohne *Phaseolus coccineus*	rot, VI–VIII	erreicht 4 m Höhe	Bohnen können gekocht verzehrt werden
Sternwinde *Quamoclit lobata*	orangegelb, VII–IX	wird bis zu 3 m hoch	Knospen rot, verändern sich zu gelb, sind aufgeblüht weiß
Wunderstrauch *Quisqualis indica*	erst weiß, dann rosa, dann rot, VII–IX	je nach Lage bis 6 m, in den Tropen bis 20 m hoch	duftet besonders stark in der Nacht
Rosenmantel *Rhodochiton atrosanguineus*	roter Kelch, purpurote Röhrenkrone, VI–X	wird bis 3 m hoch	Blüten hängen in Blattachseln, dekorative, herzförmige Blätter
Schwarzäugige Susanne *Thunbergia alata*	orangegelb mit dunkler Mitte, V–X	an Gerüsten bis zu 3 m hoch	dekorative, herzförmige Blätter, es gibt auch weiß blühende Arten
Kapuzinerkresse *Tropaeolum*-Arten	orangerot bis gelb, VII–X	bringt etwa 3 m lange Triebe	sowohl als Bodendecker wie auch kletternd einzusetzen

schnell zu begrünen, wird man Einjährige verwenden. Mit ihnen kann man auch dem schönsten Garten noch eine besondere Note geben, kann Leerräume ausfüllen, bis die dauerhaften Pflanzen nachgewachsen sind, also »Zwischendurch-Effekte« erzielen. Schließlich bringen die Einjährigen viel Abwechslung in den Garten, da man jedes Jahr für eine andere Bepflanzung sorgen kann.

Pflanzen für die Spielecke

1. Japanhopfen (*Humulus scandens*), am Lattenzaun
2. Feuerbohne (*Phaseolus coccineus*), rankt an den Stangen des Tipi
3. Duftwicken (*Lathyrus odoratus*), rankt am Bogen aus geflochtenen Weiden- und Haselruten.

Einjährige Nutzpflanzen

Eine Reihe von einjährigen Kletterern sind als Nutzpflanzen bekannt. Sie bringen wohlschmeckende Ernten und werden deshalb besonders gehegt und gepflegt. Doch auch außerhalb des Nutzgartens machen die meisten eine gute Figur, wie etwa die Feuerbohne oder der Flaschenkürbis. Mit Hilfe einfacher Kletterhilfen kann man beispielsweise in kurzer Zeit eine wunderhübsche Spielecke für Kinder schaffen (siehe Abbildung).

Die meisten Einjährigen benötigen vollsonnige Standorte und nährstoffreichen Boden. Zieht man sie in Töpfen oder Kübeln, sollte die Erde jedes Jahr erneuert werden. Nach dem Auspflanzen muss nach etwa vier bis sechs Wochen regelmäßig nachgedüngt werden. Und vor allem brauchen die Pflanzen in den Gefäßen regelmäßig Wasser.

Im Grunde kann ein großer Teil der einjährigen Kletterpflanzen zu den »Krautigen« gezählt werden. Der größte Teil von ihnen hat nämlich keine Zeit, die Stengel verholzen zu lassen, sie sterben vorher ab und mit ihnen die großen, fleischigen Blätter. Am Ende bleibt bei allen das Abräumen und Reinigen der Kletterhilfen, der Maschendrahtgitter und natürlich die Überlegung für die Bepflanzung des folgenden Jahres – eingeschlossen die Überlegung zu Klettergerüsten, für deren Bau der Winter ja genügend Zeit zur Verfügung stellt.

Da sich die meisten Arten mit ihren Ranken an den Stützen festhalten oder sie umschlingen, kann man die Kletterhilfen einfach halten und muss nicht sehr viel Zeit investieren.

Mit der Aufzucht aus Samen beginnt man frühzeitig, am besten unter Glas, und pflanzt im Mai nach den Eisheiligen aus. Das ist nicht nur preiswert, so ist auch bunte Vielfalt garantiert.

Oben: Die Maurandie (*Asarina scandens*), eine echte Schönheit.

Pflanzen für die Terrasse

1. *Clematis ramona*
2. *Fallopia aubertii* – Schlingknöterich
3. *Tropaeolum majus* – Kapuzinerkresse
4. *Aristolochia* – Pfeifenwinde
5. *Clematis montana* 'Rubens' und *Clematis* 'Wada´s Primrose' an starken Netzen
6. *Campsis radicans* – Trompetenblume
7. *Phaseolus coccineus* – Feuerbohne
8. *Ampelopsis* – Scheinrebe

Rechts von oben nach unten:
Aristolochia auf Pergola

Clematis montana auf Rankgerüst

Schlingknöterich

Terrasse im Grünen für eilige Gärtner

Wie beim Menschen gibt es auch bei unseren Kletterern verschiedene Charaktere und Temperamente.
Eilige Kletterer sind beliebt. Vor allem die Hausbesitzer, die soeben ihr neues Haus bezogen haben und, was ihren Garten betrifft, vor einem totalen »Nichts« stehen, greifen gerne auf sie zurück. Denn die bereits vorhandene Pergola, die eigentlich vor neugierigen Blicken schützen soll, wirkt nackt sehr kalt und fremd und muss dringend bepflanzt werden. Natürlich kann man als Zwischenlösung auf die zuvor bereits erwähnten schnellen Einjährigen zurückgreifen, sollte jedoch parallel dazu mit der dauerhaften Pflanzung beginnen. Von den vielen Möglichkeiten, die sich anbieten, sollen hier vier charakteristische »eilige Kletterpflanzen« vorgestellt werden.

Ideal für Ungeduldige

Hopfen und Knöterich eignen sich für sonnige Standorte, Pfeifenwinde und Waldrebe eher für halbschattige Plätze.
Hopfen ist wohlerzogen – schnell und grazil schwingt er sich empor und verteilt seine gelappten,

Schnellwachsende Kletterpflanzen

Name	Blütenfarbe/-zeit	Wuchshöhe (m)	Besondere Merkmale
Scheinrebe *Ampelopsis*	unscheinbar grün, violette Frucht, Sommer	bis 4,5 m hoch	weitgehend winterhart, starke Klettergerüste
Pfeifenwinde *Aristolochia*	gelbgrün bis purpurbraun, V–VI	erreicht leicht 10 m Höhe	winterhart, braucht starke Klettergerüste
Trompetenblume *Campsis radicans*	trompetenförmig, orangerot, VII–IX	je nach Art, 6 bis 10 m hoch	winterhart, vollsonniger Standort
Clematis			winterhart, rauchhart
montana rubens	weißlich rosa, V–VI	6 bis 9 m hoch	überreich blühend
'Elisabeth'	zartrosa, V–VI	bis 8 m hoch	duftend
'Tetrarose'	lilarosa, V–VI	5 bis 6 m hoch	bronzefarbenes Laub
C. chrysocoma	klein, rosa, V–VI	6 bis 9 m hoch	blüht im Sommer nach
C. viticella	purpurfarben, VII–IX	bis 9 m hoch	sehr schnellwüchsig
Glockenrebe *Cobaea scandens*	wechselt von gelbgrün zu purpur, VII	bis 15 m hoch	einjährig, für das Freiland
Knöterich Fallopia aubertii	weiß, in leicht rosa wechselnd, VIII–X	bis 12 m hoch	leicht duftend, starker Rückschnitt notwendig
Hopfen *Humulus lupulus*	grünlichgelb unschein- bar, VI–VII	bis 10 m hoch	anfällig gegen Schädlinge und Pilzbefall
Kennedie *Kennedia rubicunda*	korallenrote Blütenbüschel, V–VII	bis zu 3 m hoch	nicht winterharte Kübelpflanze
Passionsblume *Passiflora caerula*	weiß, cremefarbene Hüllblätter, VII	bis zu 10 m hoch	Kübel, bei sehr gutem Winterschutz auch im Freien
Baumschlinge *Periploca sepium*	gelbgrün, innen rötlich- violett, V–VI	bis 4,5 m hoch	winterhart
Pyrostegie *Pyrostegia venusta*	orangerot, trompeten- förmig, IX–III	bis 10 m hoch	nur bei warmem Klima und voller Sonne im Freien zu halten
Wunderstrauch *Quisqualis indica*	von weiß zu rosa nach rot, IV–IX	bis 5 m hoch, bis 30 m in der Heimat	in Kübeln oder gut geschützt im Freien haltbar
Quetschblume *Thladiantha dubia*	gelb, glockenförmig, in Büscheln, VII–VIII	wird bis 3 m hoch	im Freien ist guter Winterschutz erforderlich
Weinrebe *Vitis vinifera*	unscheinbar grüngelb, VI–VII	je nach Sorte über 10 m hoch	winterhart, frosthart bis -15 °C

rau behaarten Blätter zu einer gleichmäßig dichten Wand. Im Winter allerdings ist es mit dem Sichtschutz aus, die Pflanze zieht ein. Wer auch zu dieser Zeit einen Sichtschutz erwartet, greift besser auf Immergrüne zurück.
Beim Knöterich ist jedoch Vorsicht geboten. Er hat im Handumdrehen die gesamte Pergola erobert, bringt der Terrasse Tiefschatten und lässt kein Licht mehr in die Zimmer eindringen. Nachbarn erdrückt er schnell, wenn man ihn nicht gebührend und frühzeitig in Schach hält.
Die Pfeifenwinde klettert rasch und verteilt ihre großen, herzförmigen Blätter gleichmäßig und dicht wie die Schindeln einer mit Schiefer verkleideten Fassade. Auch sie deckt alles zu, wenn man sie nur lässt, und braucht hier und da eine richtende Hand. Einige *Clematis*-Arten wachsen schnell, vor allen anderen die *Clematis montana* 'Rubens'. Sie entwickelt starke, dicke Stämme und eine Unzahl weit verzweigter Triebe. Mit ihrer ungeheuren Blatt- und Blütenfülle, die gerne wie ein dichter Vorhang von oben niederfällt, schottet sie im Sommer alles gegen Blicke ab. Im Winter besticht sie durch ihre bizarren Stämme mit den reichen Verästelungen.
Es gibt natürlich unendlich viele Variationsmöglichkeiten, eben darum sollte man nichts überstürzen, sondern in Ruhe alle Notwendigkeiten mit den örtlichen Gegebenheiten und dem persönlichen Geschmack aufeinander abstimmen.

Romantische Sitzecke

Kompositionen aus verschiedenen Kletterpflanzen sind eine feine Sache. Man erhält auf diese Weise zur Blütezeit wunderschöne Farbkombinationen. Dennoch ist auch hier vor der Pflanzung die Frage zu klären, ob die Pflanzen sich überhaupt vertragen. Es genügt nicht, die Auswahl nach der Blütenfarbe zu treffen oder nach einer Abstimmung der Blühzeit, nein, hier spielt der Charakter der einzelnen Pflanzen eine ausschlaggebende Rolle.
Da ist zunächst die Gruppe der »Wilden«, die in ihrem ungezügelten Vorwärtsdrang nach Ellenbogenmanier alles andere einfach überwachsen und den Nachbarn auf diese Weise zum Tode verurteilen. Unsere großblättrigen Eiligen, allen voran der Knöterich, gehören dazu.
Die »Besitzergreifenden« sind solche, die sich bedenkenlos ihrer Nachbarpflanze bemächtigen, ohne ihr allerdings Schaden zuzufügen. Hier wäre die Jungfernrebe, die Kletterhortensie oder der Efeu zu nennen, die jeden als »Wirt« benutzen, der sie nach oben bringt.
Und dann sind da die »Dulder«, die keinem der Nachbarn den Lebensraum streitig machen wollen und sich manchmal mit ihnen verweben, um noch schöner zu wirken.
Nach dem Motto »Leben und leben lassen«, entfalten sich diese Pflanzengemeinschaften erst zu wahrer Schönheit.
Nun müssen es nicht immer gleichartige Pflanzen sein, die man zusammenpflanzt, etwa zwei *Clematis* mit weißer und violetter Blütenpracht oder verschiedene Rosen. Ganz wunderhübsch wirkt da zum Beispiel eine Kombination aus Clematis und Rose oder Clematis und Hopfen.
Es müssen auch nicht immer nur Kletterpflanzen sein. Geißblatt und Eibe oder Eibe mit Kapuzinerkresse sind ebenfalls ein Beispiel für eine herrliche Kombinatione.
Sicher ist, dass derartige Kompositionen einen besonderen farblichen Reiz haben, erzeugt man doch durch verwandte Farben stille Harmonie, mit Komplementärfarben jedoch aufregende Spannung.

Bewährte Pflanzkombinationen

Name	Partnerpflanzen	Hinweise
Clematis		farblich abstimmen, auf gleiche Schnittzeiten
C. jackmannii	Gelbblättriger Hopfen	achten, auch andere blau blühende Sorten
***C. viticella*-Hybriden**	Kletterrosen und Weinreben	möglich, sehr gute Kombination,
C. tangutica* und *C. orientalis	sehr stark wachsende Rosen, vor allem Rambler	auf passende Farben achten, Clematis nicht schneiden, können miteinander hochklettern,
***C. montana* 'Rubens'**	Efeu und Jungfernrebe und starke Rambler-Rosen (*filipes* 'Kiftsgate')	Schnitt nur, wenn unbedingt nötig
Efeu		auf verschiedene Blattfarben achten
Hedera helix	Kleiner Spindelstrauch,	hauptsächlich attraktive Blattkombinationen
'Goldheart'	Kletterhortensie, Jungfernrebe und Hopfen	Vor dem Winter trockene Hopfentriebe entfernen
Geißblatt in Sorten	verschiedene Rosen, verschiedene *Clematis*, Efeu, Jungfernrebe, Spindelstrauch	Vorsicht: Geißlatt ist giftig, nicht zu starkwüchsige Rosen wählen, auf Farbkombinationen achten
Kletternder Spindelstrauch	Efeu, Jungfernrebe, Wein	lebhafte Blattkombination

Von links nach rechts:
Rosen und Geißblatt

Rosen und Clematis

Schöne Kombinationen!

Doch das Farbenspiel allein ist für die Pflanzenwahl nicht bestimmend, neben dem Standort zählt auch der Zweck, der erfüllt werden soll.
So kann man mit den *viticella*-Sorten der *Clematis* und winterblühendem Heidekraut eine wunderhübsche Bodendeckerecke schaffen. Eine alte Mauer kann ein natürlicher Hintergrund für die Kombination von Waldrebe und Hopfen sein, und an einem fensterlosen alten Giebel kann die Gemeinschaft von Jungfernrebe, Wildem Wein und dem Spindelstrauch 'Silver Queen' eine märchenhafte Stimmung erzielen.
Rosen dürfen natürlich nicht vergessen werden. Man bindet sie oft und gerne in die verschiedensten Kompositionen ein. Meist wählt man dazu einen Rosenbogen, ein Rankgerüst am Haus, die Pergola oder eine Pyramide und sehr gerne auch den Zaun. Rosen kombiniert man am besten mit den *viticella*-Hybriden der *Clematis*. Das Farbenspiel einer solchen Kombination kann unvergleichlich sein. Dahinter stehen jedoch auch praktische Überlegungen. Denn *Clematis*-Pflanzen, die ab Juni blühen, werden im Spätherbst oder im frühen Frühjahr bis auf Bodennähe zurückgeschnitten, dadurch aber gewinnt die Rose bis zum Mai Zeit, um ihrerseits geschnitten und formiert zu werden. Die neuen Triebe der *Clematis* wachsen schnell wieder in die Höhe und breiten schon bald ihre Blüten aus. Um Komplikationen zu vermeiden, sollte man für diese Gemeinschaft keine früh blühende *Clematis* auswählen, weil diese ja am alten Holz blühen und nach der Blüte geschnitten werden müssen. Es gibt unendlich viele Kombinationsmöglichkeiten – für welche auch immer Sie sich entscheiden, reizvoll sind sie alle, und immer bringen sie Anregungen für neue Versuche.

Pflanzen für die Sitzecke

1. Jungfernrebe *(Parthenocissus tricuspidata)*
2. Efeu (*Hedera helix*)
3. Pfeifenwinde (*Aristolochia*)
4. *Clematis* 'Jackmanii' am Rankgitter
5. Rose 'Pauls Scarlet Climber', daneben *Clematis viticella* 'Hagelby White' oder *Clematis viticella* 'Alba Luxurians'
6. Rose 'New Dawn' und *Clematis viticella* 'Comtess de Bouchaud' am Torbogen
7. Geißblatt (*Lonicera japonica* oder *Lonicera quinquelocularis*)
8. Rose 'Goldstern'
9. *Clematis* 'Purpurea Plena Elegance'

Immergrüner Pavillon

Das ganze Jahr nur »Grün«, das muss nun wirklich nicht sein, und es wäre sicherlich auch zu eintönig. Doch ist es nicht wunderschön, an kalten, trüben Wintertagen im Garten ein wenig frisches Grün zu erblicken?
Gewöhnlich prägen Tannen, Thujen, Zedern und vielleicht noch Buchsbaumhecken das Gesicht unserer Gärten. Nicht wenige Gärten sind damit im Grunde ein wenig überfrachtet, und wenn das im Winter auch ganz hübsch sein mag, im Sommer verlieren sie ihr Gesicht.
Bei Kletterpflanzen ist die Auswahl an Immergrünen eigentlich recht groß, doch taugen die meisten von ihnen nur für das Gewächshaus oder den Wintergarten. Die Auswahl immergrüner Pflanzen, die den Winter auch gut im Freiland überstehen können, ist dagegen sehr gering. Es gibt zwar einige wenig bekannte Arten, wie den aus Chile stammenden Korallenstrauch (*Berberidopsis*) oder die aus China stammende *Holboellia*, die beide zu den Immergrünen zählen, doch sind deren Wurzeln frostempfindlich und müssen sorgfältig geschützt werden. In kälteren Gegenden oder hohen Lagen haben sie nur geringe Chancen.
Wirkliche Immergrüne für unser Klima sind eigentlich nur der altbekannte Efeu, das Geißblatt *Lonicera henryi*, der kletternde Spindelstrauch *Euonimus fortunei* sowie der Winterjasmin *Jasminum nudiflorum*, der allerdings nicht wintergrün, aber doch winterblühend ist.
Sicherlich kann der Nutzen, den man aus den immergrünen Kletterern zieht, ungleich höher sein als bei den anderen Immergrünen. Als Bodendecker sind sie jedenfalls für das Bodenleben von unschätzbarem Wert. Unter dem dichten Laubpanzer an Fassaden oder Bäumen finden viele Nützlinge Schutz und der Blattschirm schafft gegen Hitze, Kälte, Regen, Schnee und Wind einen natürlichen Ausgleich, der durchaus beachtenswert ist.
Es muss ja auch nicht immer die Fassade sein. Eine von Immergrünen überwucherte Laube oder auch eine Pergola wirkt im Winter wie ein verwunschener Ort, eine alte Mauer bleibt verborgen und wird nicht durch Blattabwurf bloßgestellt.

Oben: Geißblatt (*Lonicera henryi*)
Unten: Winterjasmin (*Jasminum nudiflorum*)

Pflanzen für den Pavillon

1. Efeu (*Hedera helix*)
2. Geißblatt (*Lonicera henryi*)
3. Spindelstrauch (*Euonymus fortunei*)
4. Sternjasmin (*Trachelospermum jasminoides*) als Bodendecker

Efeu: vielseitiger und schöner Klassiker

Efeu ist unter den Kletterern schlichtweg der Klassiker. Keine andere Kletterpflanze ist so verlässlich wie er, kaum eine kann mit einer solchen Vielzahl von Blattformen und Färbungen aufwarten.
Häufig findet man wunderschöne nervig ausgeformte Blätter, gelbe oder weiße Maserungen – so genannte Panaschierungen – und in der Altersform Blüten von beachtenswerter Architektur. Wer seinem Haus ein grünes Gewand verleihen will, ist also mit Efeu gut beraten. Ein wenig Geduld braucht er allerdings, denn die Pflanze muss erst Fuß fassen. Natürlich kann man Efeu auch kombinieren, etwa mit der Jungfernrebe oder anderen sommergrünen Kletterern. Das kann sehr reizvoll sein. Doch auch mit Geißblatt und dem Spindelstrauch verträgt sich Efeu ausgezeichnet. Vor allem die Sorte 'Silver Queen' des Spindelstrauches mit ihren wunderschönen, weiß umrandeten Blättern harmoniert sehr gut mit Efeu oder Geißblatt. Gesellt man Winterjasmin dazu, wird man sogar im tiefen Winter, vom Dezember bis in den April hinein, der hübschen Blüten wegen Bewunderung ernten.

Immergrüne Kletterpflanzen

Name	Höhe	Blüte/Frucht/Blatt	Besondere Merkmale
Efeu			
Hedera helix	bis 20 m	grüngelb, unscheinbar, ab IX–X,	wunderschöne Blattformen und Farben,
H. colchica	bis 8 m	nur in der Altersform, im Frühjahr	vor allem bei *H. helix* 'Goldheart',
H. hibernica	bis 20 m	erscheinen Früchte, giftig!	'Silver Queen' und 'Atropurpurea'
Geißblatt *Lonicera henryi*	bis 10 m	rote oder gelbe Röhrenblüten von V–VII, purpurschwarze Beeren, giftig!	nur diese Art ist immergrün, mittelgroße, glänzend grüne Blätter
Holboellia latifoglia	bis 3 m	glockenförmige, weiße Blüte, bis 5 cm lange violette Frucht	leicht frostempfindlich, Pflanze treibt jedoch neu aus
Korallenstrauch *Berberidopsis*	bis 3 m	glockenförmige rote Blüten im Sommer	geschützte Lagen, Winterschutz für Wurzeln durch dicke Mulchschicht
Pileostegia viturnoides	bis 9 m	weiß-cremefarbene, große Blütenrispen im Sommer	bis 15 cm lange, filzige Blätter, nur für geschützte Lagen, Winterschutz
Spindelstrauch *Euonymus fortunei*	bis 6 m	Blüten unscheinbar, vorwiegend blattzierend	die meisten Arten sind stark giftig
'Emerald Gaiti'	bis 1,5 m	graugrünes Blatt, weißrandig	wächst aufrecht und breit
'Emerald and Gold'	bis 1 m	kleines, gelb gerandetes Blatt	kriecht erst, richtet sich dann auf
'Silver Queen'	bis 3 m	großes, weiß gerandetes Blatt	starker, kräftiger Wuchs
'Variegatus'	kriechend	ledrig-derbes, tiefgrünes Blatt	kriecht auch senkrecht, reiche Frucht
Sternjasmin *Trachelospermum jasminoides*	bis 5 m	bringt im Spätsommer duftende, weiße Blütenbüschel hervor	liebt Sonne, braucht sehr guten Winterschutz, am besten im Kübel ziehen, Gewächshaus im Winter

Oben: Kletternder Spindelstrauch (*Euonymus fortunei* 'Silver Queen')

Kletterpflanzen mit duftenden Blüten

Name	Blüte/Blütezeit/Durchmesser			Sonstige Merkmale
Clematis armandii	weiß, flache Form	III–V	6 cm	Blüte flach in Dolden, duftend
C. montana 'Alexander'	cremeweiß	V–VI	bis 5 cm	gelbe Staubgefäße, süßer Duft
'Elisabeth'	zart rosa	V–VI	5 cm	blassgelbe Staubgefäße, süßer Duft
var. *odorata*	weiß	VIII–X	5 cm	sehr starker süßer Duft
'Wilsonii'	cremefarben	VI–VII	bis 5 cm	gedrehte Blütenblätter, starker Duft
C. prair. 'Travellers Joy'	weiß	VIII–X	2,5 cm	reichblühend, duftend, frosthart
C. rehderiana	blassgelb	VIII–X	2 cm	nickende Blüte, Duft der Schlüsselblume
C. var. 'Hidcote Variety'	zartrosa	V–V	5 bis 8 cm	duftend, kein Schnitt, jeder Standort
Duftwicke – *Lathyrus odoratus* – Apricot Sprite	apricosenfarben	VII–X	3 bis 4 cm	allgemein intensiver Duft, häufiges
'Bandaid'	zartrosa	VII–X	3 bis 4 cm	Ausschneiden fördert Blütenansatz und
'Esther Ranson'	malvenfarben	VII–X	3 bis 4 cm	Blütenfülle, schöner Vasenschmuck
Geißblatt				
Lonicera americana	gelb, außen Rottönung	V–VII		Kronröhre wächst in gedrängten Quirlen
L. caprifolium	weißlichgelb	VI–IX		stark duftend, korallenrote Früchte
L. heckrottii	gelb, außen rötlich	VI–IX		sehr stark duftend, sehr reich blühend
L. periclymenum	gelbweiß, außen rot	VI–VIII		wunderbar duftend, hochrote Früchte
Glyzine				
Wisteria sinensis 'Alba'	weiß	V	bis 60 cm	stark duftende Blüten
Wisteria sinensis 'Caroline'	dunkelviolett	V	bis 30 cm	stark duftende Blüten
Rosen				
'Abraham Darby'	aprikosenfarben	VI bis zum Frost		fruchtiger Duft, sehr gesunde Pflanze
'Alchimist'	goldgelb	VI–VII		starker Duft, robuster Kletterer
'Alberic Barbier'	cremeweiß	VI		frischer Duft, manchmal nachblühend
'Buff Beauty'	aprikosengelb	VI–VII		Moschusduft, sehr üppiges Laub
'Gloire de Dijon'	gelb, goldschattiert	VI–X		starker Duft, winterhart
'Ilse Krohn sup.'	cremeweiß bis weiß	VI–X		herrlich duftend, frosthart, sehr gesund
'Paul Noel'	gelbrosa, gefüllt	VI–VII		Teerosenduft, sehr dichtes Laub
'Rosar. Uetersen'	dunkelrosa, gefüllt	öfterblühend		sehr starker Duft, witterungsbeständig
'Sombreuil'	cremeweiß, rosa Mitte	VI–VIII		Teerosenduft, bis 10 cm große Blüte
Sternjasmin *Trachelospermum jasminoides*	weiß	VI–VIII		stark duftend, nicht winterhart, Überwintern im Wintergarten

Oben: Geißblatt (*Lonicera heckrottii*)

Mitte: Duftender Kletterrosenbogen

Rechts: Garteneingang mit Clematis-Bogen

Duftende Spaliere

Wenn sich Rosen über Mauern ergießen, der Blauregen seine riesigen Trauben über die Pergola herabwallen und die *Clematis* ihre vielfarbenen Blütensterne leuchten lässt, schlägt das Gärtnerherz höher. Die Fülle unserer blühenden Kletterer ist riesig und viele von ihnen verströmen einen atemberaubenden Duft. Wenn die Königin der Blumen, die Rose, Hof hält, geizt sie nicht mit ihren Reizen und zieht alle mit Blütenfülle und Duft in ihren Bann. Kombinationen, zum Beispiel mit *Clematis* oder auch untereinander, bieten sich an, und wer sorgfältig geplant und die Blühzeiten gut aufeinander abgestimmt hat, kann seine Blütenträume bis spät in den Herbst hinein genießen.
Duftwunder aber gibt es nicht nur unter den Rosen. Echter Jasmin und Goldkelch in ihren Töpfen verströmen auf der Terrasse oder im Wintergarten ihren betörenden Duft.
Im Freien sorgen einige Wickensorten mit ihrer intensiv duftenden Blütenfülle für Aufsehen, *Clematis-montana*-Sorten mit ihrem süßlichen Duft gehören dazu, das Geißblatt und natürlich die Glyzine, der Sternjasmin und der Wunderstrauch. Letzterer ändert seine Blütenfarbe von weiß über rosa zu rot und verteilt seinen intensiven Duft erst in der Nacht.

Farben, Formen, Düfte

Kletterrosen wirken am Spalier am besten, wenn sie ihre Triebe fächerartig ausbreiten dürfen; an einer Säule dagegen werden sie eng gezogen, man muss sie also häufiger schneiden.
Rambler-Rosen dagegen sind erst in ihrem Element, wenn sie Rosenbögen oder die Pergola umgarnen und ihre Blütenfülle von oben herab ergießen dürfen.
Erst die Blüten, dann die Blätter präsentiert die Glyzine – wenn wir uns noch nach Grün und Farbe sehnen. Ihre Blüten läuten das neue Blütenjahr ein, vorausgesetzt, wir haben uns im Spätsommer und Winter an die Schnittregeln gehalten. Glyzinen sind die Bäume unter den Kletterpflanzen mit einem langen, imposanten Leben.

Wenn die *Clematis* zu blühen beginnt, brechen im Garten beinahe märchenhafte Zeiten an. Ihre Vielfalt ist ebenso groß, wie die Möglichkeiten ihres Einsatzes, und keine Kletterpflanze lässt sich so gut in Pflanzengemeinschaften integrieren wie die *Clematis*. Vom Frühsommer bis in den Herbst rahmen ihre Blütensterne Tore, Pergolen, Säulen, Pyramiden und Häuserfronten ein und wirken wie Übergänge zum Paradies.

Pflanzen für die Duftspaliere

1. Rose 'New Dawn' und *Clematis viticella* 'Royal Velour'
2. Rose 'Buff Beauty' und *Lonicera peryclenum*
3. Rose 'Ilse Krohn sup.' und *Clematis viticella* 'Kommerei'
4. *Clematis montana* var. 'Odorato'
5. *Solandra maxima*
6. Echter Jasmin (*Jasminum officinale*)
7. *Rhodochiton atrosanguineus* 'Rosenkelch'
8. Rose 'Leonine Gervais'
9. Rose 'Alberic Barbier'
10. zur Füllung: Polsterstauden, Lavendel
11. zur Füllung: Katzenminze

Pflanzen für den Laubengang

1. Efeu (*Hedera helix*) an Bäumen und als Bodendecker
2. Spindelstrauch (*Euonymus fortunei*) 'Silver Queen' an der Nordseite des Hauses
3. Knöterich (*Fallopia*) an der Pergola
4. Kletterhortensie (*Hydrangea petiolaris*) am Haus
5. Jungfernrebe (*Parthenocissus tricuspidata*) an der Pergola
6. Glockenwinde (*Codonopsis convolvulacea*) an der Pergola im Schutz der Bäume
7. Geißblatt (*Lonicera henryi*) an der Pergola

Laubengang im Schatten

Schatten? Ja, warum denn nicht – richtig genutzt und richtig bepflanzt ist er die Fortsetzung unseres Sonnenparadieses.
Die weitläufige Meinung, dass im Schatten keine Pflanze gedeiht, stimmt einfach nicht. Eine ganze Zahl von Arten, auch unserer Kletterpflanzen, fühlt sich gerade dort sehr wohl.
Selbstverständlich eignen sich für nordseitig gelegene Mauern oder Orte, über die ständig Nordwinde fegen, nur kräftige, winter- und frostharte Kletterer. Hier behaupten sich am besten Efeu, Spindelstrauch und Geißblatt. Während das Geißblatt nur sommergrün ist, halten die beiden anderen mit ihrem immergrünen Kleid alle bösen Winde ab und sorgen so an der Außenwand bereits für eine Isolation. Geeignet für derartige Standorte sind die grünblättrigen Efeuarten, die panaschierten Arten – außer *Hedera helix* 'Goldheart' – sind frostempfindlicher und brauchen ein wenig mehr Licht.
Schnell wachsende Sorten wie 'Wörner', 'Wingertsberg' oder 'Grünpfeil' sind für die Fassadenbegrünung geeignet.
Wer auf seinem Grundstück Bäume gepflanzt hat oder ein Waldgrundstück besitzt, ist zu beneiden. Ein solches Grundstück weist in der Regel alles aus: reine Sonnenlagen, herrlichen Halbschatten unter den ersten Bäumen und tiefen Schatten weiter im Inneren und an der Nordseite des Hauses. Bei der Gestaltung eines solchen Gartens kann man – nicht nur bezüglich der Kletterpflanzen – auf die gesamte, riesige Palette des Pflanzenangebotes zurückgreifen. In der Bretagne gibt es einen solchen Waldgarten, in dem die Besitzerin auf etwa 40.000 Quadratmetern mehr als 11.000 verschiedene Pflanzen angesiedelt und heimisch gemacht hat. Und es ist nicht nur ein »grüner« Garten – nein, er glüht förmlich vor Blüten bis über das Herbstende hinaus. Beneidenswert, wer ein solches Grundstück sein Eigen nennt.

Schatten liebende Kletterer

Natürlich gibt es noch andere Schatten liebende Pflanzen – wie die Jungfernrebe, die vor allem im Herbst alle Blicke auf sich

Kletterpflanzen für den Schatten

Name	Wuchshöhe	Besonderheiten und Hinweise
Akebie *Akebia quinata*	6 bis 8 m	violette bis malvenfarbene Blüte, duftend, attraktive Blätter
Bourbon-Rosen	3 bis 5 m	schöne, duftende, alte Rosen, die keine direkte Sonne mögen
Hedera helix	bis 20 m	Sorten mit panaschierten Blättern bevorzugen Halbschatten
Hedera colchica	bis 8 m	frosthart, große herzförmige Blätter, sehr dicht belaubt
Hedera hibernica	bis 20 m	wuchernd, bedingt frosthart, flach gelappte, dreieckige Blätter
Geißblatt (*Lonicera in Sorten)*	3 bis 10 m	wunderschöne Blüten in allen Farben von VI–VIII. Giftig!
Glockenwinde *Codonopsis convolvula*	2 bis 5 m	frostempfindlich, starke Kletterhilfen, große Blüten mit etwa 5 cm Durchmesser, violett bis weiß
Hopfen *Humulus lupulus*	6 bis 8 m	winterhart, Pflanze zieht jedoch ein, krautige Blätter, zweihäusig, Wurzelableger sorgfältig abstechen
Jungfernrebe *Parthenocissus tricuspidata*	bis 20 m	robust und anspruchslos; auffällige Farbgebung im Herbst von grün, gelb, rot bis violett, blauschwarze Früchte ab IX
Kletterhortensie *Hydrangea petiolaris*	10 bis 15 m	weiße, schirmartige Blütenstände, die zart duften, wächst zögernd an, bekommt im Herbst goldgelbes Laub
Spindelstrauch *Euonymus fortunei*	3 bis 5 m	Laubschmuck, nur ältere Pflanzen blühen und tragen je nach Sorte verschiedenfarbige Früchte (giftig!), verträgt vollen Schatten
Rebe (*Vitis coignetia)*	bis 15 m	sehr schnell wachsend, Laub im Herbst orange bis kupferrot
Schlingknöterich *Fallopia aubertii*	bis 12 m	bringt im Spätsommer sehr hübsche weiße Blütentrauben, später winzige ,nussförmige, geflügelte Früchte, stark schneiden

zieht, der altbekannte Hopfen und natürlich auch der Schlingknöterich, der selbst im tiefsten Schatten noch rekordverdächtig wächst. Und an der Nordseite eines Hauses lässt sich die attraktive Akebie ebenso ansiedeln wie die Glockenwinde oder der Korallendorn, der allerdings einen etwas geschützteren Standort bevorzugt und Winterschutz benötigt. Natürlich darf man in diesem Reigen das Geißblatt und die Kletterhortensie nicht vergessen, die durch ihre dekorativen Blatt- und Blütenformen auch Nordseiten verzaubern können. Und noch etwas ist interessant: Selbst Kletterrosen, die Bourbon-Rosen, fühlen sich erst im Halbschatten richtig wohl und gedeihen dort am besten. Zu ihnen gehören beispielsweise die Sorten 'Mme Isaac Pereire' und die lang aufschießende 'Zéphérine Drouhin'.

Oben links: Hopfen an einer Pergola im Schatten eines Baumes.

Oben rechts: Efeu fühlt sich auch im Schatten wohl.

Rechts: Für die Akebie stellen schattige Standorte kein Problem dar.

Kletterpflanzen mir dekorativen Blättern

Name	Wuchshöhe	Besonderheiten und Hinweise
Efeu		
H. colchica 'Sulphur Heart'	6 bis 8 m	große, herzförmige Blätter mit gelber Panaschierung
H. helix 'Atropurpurea'	bis 20 m	violette Triebe, Blätter wechseln von grün zu rötlich-violett
H. helix 'Goldheart'	bis 20 m	grüne Blätter mit goldfarbener Mitte, ausgesprochen hart
H. helix 'Silver Queen'	bis 20 m	graugrüne, dreieckige Blätter, wenig gezeichnet, rosa im Winter
Glyzine *Wisteria floribunda u. sinensis*	bis 15 m	Schattenspender, gefiederte, im Herbst lange haftende Blätter, erst hellgrün, später dunkelgrün, lichtfliehende Triebe
Hopfen *Humulus lupulus*	bis 6 m	dekorative Blätter, raue Stengel, mit denen er sich hochzieht
Japanhopfen *Humulus scandens*	bis 6 m	schnell wachsend, sehr dichtes Blattwerk, hellgrün bis zum ersten Frost, einjährig
Jungfernrebe *Parthenocissus tricuspidata*	bis 20 m	dichtes Blattwerk, im Herbst von grün über gelb zu flammendem Rot
Kapuzinerkresse *Tropaeolum majus*	bis 2 m	große, rundliche, hellgrüne Blätter mit radiär ausgerichteten Adern, sehr dekorativ
Kletterhortensie *Hydrangea petiolaris*	bis 15 m	ovale, fein gezähnte, herzförmige Blätter, die sich im Herbst nach goldgelb färben, Triebe sind zimtfarben
Mondsame *Menispermum canadense*	bis 4 m	große, herzförmige, schwach gelappte und gut deckende Blätter, Oberseite dunkelgrün, Unterseite etwas heller
Pfeifenwinde *Aristolochia macrophylla*	5 bis 10 m	sehr große, herzförmige Blätter, dichtes Blattbild, Früchte entwickeln sich nur selten, schwer, darum stabiles Gerüst
Prunkwinde *Ipomea tricolor*	bis 3 m	einjährig, hellgrüne, herzförmige Blätter, dicht deckend, alle Sorten sind sehr zugempfindlich, blüht nur einen Tag
Rebe *Vitis coignetia*	bis 15 m	große, leicht gelappte Blätter, orangerote Herbstfärbung
Spindelstrauch *Euonimus fortunei*	3 bis 5 m	dicht wachsende, ovale, glänzende Blätter, creme- oder goldgelb gerändert und panaschiert, teils rosa verfärbend, immergrün
Strahlengriffel		
Actinidia arguta	bis 10 m	breite, ovale Blätter, Oberseite glänzend, Unterseite behaart
Actinidia chinensis	bis 8 m	sehr große eiförmige Blätter, sehr grün, unten behaart
Actinidia kolomikta	bis 3 m	breite, eilänglich zugespitzte Blätter mit rosaweißer Mitte
Trompetenblume		
Campsis radicans	bis 15 m	mit gefiederten Blättern, liebt zugfreien Stand
Campsis tagliabuana	6 bis 8 m	mit kleinen Blättern gleicher Form, starke, lange Triebe

Eine besondere Säulenpergola

Kaum eine der vielen Pflanzengattungen kann mit so dekorativem und formvollendetem Laub aufwarten wie die Kletterpflanzen. Es erstaunt immer wieder, zu sehen, welche Formen- und Farbenvielfalt hier vorherrscht. Und es werden immer mehr, wie die Vielzahl der Neuzüchtungen, die jährlich auf dem Markt erscheinen, beweist. Vor allem natürlich bei den Rosen und der mindestens ebenso faszinierenden *Clematis*.

Eine Frage des Platzes

Um Kletterpflanzen mit dekorativem Laub richtig zur Geltung zu bringen, bedarf es selbstverständlich eines Standortes der ebenfalls ansprechend ist, zum Beispiel einer antik wirkenden Säulenpergola. Leider sind die meisten Gärten jedoch so klein, dass ein solches Bauwerk alle Proportionen sprengen würde. Beschränkung auf das Wesentliche ist in solchen Fällen Ausgangspunkt aller Überlegungen. Man wählt zwangsläufig nur eine oder zwei der schönsten Pflanzen aus und siedelt sie als Blickfang an den wirkungsvollsten Plätzen des Gärtleins an, denn wenn das Gesamtbild stimmen soll, müssen auch Hintergrund und Flanken mit in den Rahmen passen.
Natürlich muss auch die Kletterhilfe selbst sorgfältig ausgewählt

werden, trägt sie doch erheblich zu dem Gesamteindruck bei. Ein hübscher Pfeiler, eine beeindruckende Pyramide oder eine kreisrund aufgebaute Minipergola von etwa ein bis zwei Meter Durchmesser könnten unbepflanzt bereits zum Blickfang werden.
Welche Pflanzen man letztlich auswählt, bleibt wieder dem persönlichen Geschmack überlassen, hängt jedoch wesentlich von dem ausgewählten Standort ab. Soll es die Hausfassade sein, kann man wieder einmal auf den dekorativen Efeu *Hedera helix* 'Goldheart' oder *Hedera canariensis* 'Gloire de Marengo' zurückgreifen, oder, wenn die Lage es erlaubt, auf den attraktiven Wein, der zudem auch noch Früchte bringt. Geeignet sind auch die Jungfernrebe, die mit ihrem feurigen Herbstlaub besticht oder der Kletternde Spindelstrauch mit seinen wunderhübsch gerahmten Blättern.
An einer Pergola wirken die Glyzine mit ihren lang gefiederten Blättern und selbstverständlich ihrer Blütenfülle oder Pfeifenwinde und Trompetenblume.
Auch der Hopfen hat interessantes Laub. Er kommt am besten an übermannshohen Maschendrahtzäunen zur Geltung, ebenso wie Kapuzinerkresse oder Prunkwinde. Mauern, Lauben, Laubengänge und Pfeiler gleichermaßen verziert der Strahlengriffel mit seinen riesigen Blättern und ist uns Sonnen- und Sichtschutz.
Nur einige wenige Möglichkeiten konnten aufgezeigt werden, der Rest soll dem Geschmack und der Phantasie jedes Einzelnen anheim gestellt werden. Eines aber muss generell gelten: Wichtig sind immer der Standort und die richtige, ein wenig phantasievolle Kletterhilfe, das allein steigert die Attraktivität Ihres Kletterers gewaltig.

Rechts oben: Pfeifenwinde und Wilder Wein

Rechts unten: Efeu *(Hedera colchica)*

Links unten: Efeu und Wilder Wein

Pflanzen für die Pergola

1. Rebe (*Vitis coignetiae*)
2. Efeu (*Hedera helix* 'Goldheart')
3. Glyzine (*Wisteria floribunda* 'Alba')
4. Kletterhortensie (*Hydrangea petiolaris*)
5. Pfeifenwinde (*Aristolochia*)
6. Spindelstrauch (*Euonymus fortunei*)
7. Jungfernrebe (*Parthenocissus tricuspidata*)
8. Trompetenblume (*Campsis radicans*)

Von links nach rechts: Zierkürbis an Klettergerüst, Kiwis, Weinrebe, Geißblatt, Baumwürger

Kletterpflanzen mit schönen Früchten

Name	Wissenswertes
Akebie *Akebia quinata*	zweihäusig, 5 – 10 cm lange, wurstförmige, eßbare aber fade Frucht
Baumwürger *Celastrus orbiculatus*	zweihäusig, bringt eine Fülle kleiner, rundlicher, aber auffallender Kapselfrüchte, die im Winter sehr lange an den Zweigen hängen
Brombeere *Rubus fruticosus*	wohlschmeckende, dunkelrote bis schwarze Früchte
Flaschenkürbis *Lagenaria siceraria*	augenfällige, flaschenähnliche Frucht, essbar, aber mit harter Schale, braucht sehr warmen und luftfeuchten Standort, Material für Trinkgefäße
Geißblatt *Lonicera*	alle 180 Arten bringen kleine Beeren, von gelb über rot bis schwarz, giftig!
Mondsame	
Menispermum canadense	zweihäusig. Fruchtrispen mit kleinen blauschwarzen Früchten, giftig!
Menispermum dauricum	zweihäusig, Fruchtrispen mit 1 cm dicken, schwarzen, Füchten, sehr giftig!
Passionsblume	Früchte bei allen nur durch Fremdbestäubung durch gleichartige Pflanze
Passiflora caeruela	eiförmige, gelbe, essbare, jedoch wenig wohlschmeckende Frucht
Passiflora coccinea	eiförmige, grün-gelbe, essbare Frucht, wie auch *P.-vitifolia*
Passiflora quadrangularis	bis 30 cm lange gelbe, essbare Frucht mit saftigem, süßen Fleisch
Strahlengriffel	zweihäusig, *arguta* bringt kleine, 2,5 cm lange Früchte, wilde Kiwi, essbar
Actinidia arguta und a.- chinensis	Sorte *chinensis* bringt etwa 5 cm lange wohlschmeckende Früchte, Kiwi
Weinrebe *Vitis vinifera*	bringt hellgrüne, gelbe oder blaue wohlschmeckende Früchte

Spaliere mit schönen Früchten

Auch Kletterpflanzen tragen Früchte – und was für welche. Einige davon sind giftig, andere schmecken fade und wieder andere sind begehrte Leckerbissen. Einige der Früchte tragenden Kletterer kennen wir als Nutzpflanzen und bauen sie im Garten an: Stangenbohnen und Kürbis zum Beispiel sind leicht zu ziehen und erfüllen nicht nur als Nutzpflanzen ihren Zweck.
Im Handel sind zahlreiche Kürbissorten erhältlich, wie 'Early Butter Nut', 'Baby Bär', 'Uchiki kuri' und andere, deren Früchte kleiner bleiben und die besonders attraktiv sind.
Außerdem kann man auch auf eine der zahlreichen Zierkürbissorten zurückgreifen, wie etwa den Flaschenkürbis. Für das Auge sind sie ein wahrer Leckerbissen und sie lassen sich bequem an jedem Gerüst ziehen.
Wohlschmeckend sind die Früchte der Brombeere, die sich an Zäunen hervorragend macht. Natürlich darf der Wein nicht vergessen werden. Siedelt man ihn an lichtdurchfluteten Orten in Süd-, Ost- oder Westlagen an, wird er es mit köstlichen, blauen, gelben oder hellgrünen Früchten danken. Vielleicht ist es für Balkonbesitzer oder jene, die über eine Dachterrasse in entsprechender Lage verfügen, von Interesse, dass man Wein auch in Kübeln und Töpfen ziehen kann. Auch die Kiwi oder der Strahlengriffel bringt wohlschmeckende Früchte hervor. Wer sie anbauen will, der zimmere aber ein stabiles Gerüst, und wer Früchte ernten will, der braucht zwei der gewöhnlich eingeschlechtlichen Pflanze. Seit etwa zehn bis zwölf Jahren gibt es jedoch 'Jenny'. Sie ist einhäusig, klettert ebenso

stark wie die übrigen Pflanzen und bringt ebenso wohlschmeckende Früchte hervor.
Von vielen Früchten wissen wir nicht einmal, ob sie essbar oder vielleicht sogar giftig sind. Oder wussten Sie, dass die wurstförmigen Früchte der Akebie tatsächlich genießbar sind oder dass die Passionsblume mit ihren Arten *vitifolia* und *quadrangularis* grüngelbe oder gelbe essbare Früchte mit sehr süßem Fleisch hervorbringt?
Aber »Hiffenmark«, das aus den Hagebutten einiger Rosensorten gewonnen wird, kennt jeder als Füllung der Berliner Ballen.

Achtung: Nicht alles Schöne ist auch essbar!

Nicht essbar sind die Früchte des Baumwürgers, die sofort ins Auge fallen und im Winter lange Zeit an den Zweigen leuchten. Und ausgesprochen giftig sind die blauschwarzen Früchte der Mondsame *(Menispermum)* sowie die Früchte aller Geißblattarten, so herrlich sie auch von Gelb über Rot nach Schwarz hin leuchten. Sind kleine Kinder im Haus, ist besondere Vorsicht geboten.

Pflanzen für die Fruchtspaliere

1. Echter Wein (*Vitis vinifera*) mit blauen Trauben
2. Rambler-Rose mit roten Hagebutten
3. Feuerdorn (*Pyrancantha*) mit gelben Beeren an halbhoher Wand
4. Geißblatt (*Lonicera*) mit lackroten Früchten
5. Flaschenkürbis (*Lagenaria vulgaris*) am Baustahlbogen,
6. Patissonkürbis 'White Bush' (*Cucurbita pepo*) am Baustahlbogen
7. *Cucurbita pepo microcarpina*

Rechts: Kletterrose und Rambler-Rose gemeinsam an einer Pergola.

Unten (von oben nach unten): Kapuzinerkresse *(Trapaeolum majus)* umrahmt eine Mariendistel.

Trompetenblume *(Campis radicans)* überwächst eine Mauer.

Geißblatt *(Lonicera peryclymenum)* an einer Terrasse.

Pflanzenbeet für jeden Garten

Kaum eine Pflanze ist so vielseitig und anpassungsfähig wie Kletterpflanzen. Vom Topf oder Kübel im Gewächshaus bis zum Bodendecker im Freiland, an Zäunen, Pergolen, Wänden und und und ... machen die Kletterer stets eine gute Figur, schaffen Atmosphäre und verzaubern mit ihrer Blatt- und Blütenpracht.
Im Grunde sind fast alle Kletterpflanzen universell einsetzbar, doch ist diese Einstufung selbst schon ein wenig fragwürdig, da sich für jeden, der sich in seinem Park, Garten oder Gärtlein damit befasst, völlig andere Gesichtspunkte ergeben. Universalität ist daher relativ. Für den Kleingartenbesitzer mit seinen zwanzig Quadratmetern Fläche hinter dem Reihenhaus ist die Kapuzinerkresse, die den Boden, den Zaun und vielleicht noch eine kleine Pyramide berankt, eine ungeheuer universelle Pflanze. Für den Besitzer eines Waldgrundstücks zählen andere Dimensionen.
Doch was ist mit Fragen der Klimaverträglichkeit, der Frostsicherheit und der Stabilität gegenüber der immer stärker belasteten Umwelt? Tatsächlich schränken diese Fragen den Kreis der universellen Kletterpflanzen gewaltig ein und verdammen eine Reihe von ihnen in Gewächshaus und Wintergarten.
Besonders in den Städten mit zunehmender Luftverschmutzung hat die Universalität andere Grenzen als in ländlichen Gebieten, wo andere Temperaturverhältnisse herrschen. Immer dabei sind Efeu, der Schlingknöterich, die Jungfernrebe, einige *Clematis*- und Rosensorten, natürlich das Geißblatt und noch einige mehr.

Pflanzen für das Beet

1. Efeu (*Hedera helix*)
2. Trompetenblume (*Campsis radicans*)
3. Kapuzinerkresse (*Tropaeolum majus*)
4. Rose 'Alchimist' mit Goldwaldrebe (*Clematis tangutica*)
5. Geißblatt (*Lonicera tellmannania*)

Variabel einsetzbare Kletterpflanzen

Namen	Informationen zu Einsatzmöglichkeiten
***Clematis* in Sorten,** besonders *viticella*-Hybriden	je nach Sorte, vom Bodendecker über Pfeiler-, Säulen- und Pyramidenberankung, bis zur Berankung von Mauern, Hauswänden und Bäumen, mit herrlichen Blüten in allen Größen und Farben
Efeu *Hedera* in Sorten	immergrüner Bodendecker, Fassadenkletterer, Baumkletterer, Begrüner von Wällen, Mauern, Palisaden, Pavillons, Lauben, mit mehrfarbigem Laub
Geißblatt *Lonicera* in Sorten	stark wachsende Pflanze für Säulen, Pfeiler und Gerüste, für Mauern, Wände und die Pergola, vorzugsweise im Halbschatten, doch auch im Schatten
Jungfernrebe *Parthenocissus quinquefolia*	mit wunderschönen Blattformen und Farben deckt sie den Boden ab, erklimmt die höchsten Fassaden, Zäune, Mauern und Bäume, Säulen sowie die Pergola
Kapuzinerkresse *Tropaeolum majus*	macht sich überall dort hervorragend, wo zu viel Grün durch Farbtupfer aufzuhellen ist, passt sich bis zu 2 m Höhe überall an; kräftiger Bodendecker
Rosen in Sorten	je nach Wuchscharakter einsetzbar als Bodendecker, zur Berankung von Zäunen, Palisaden, Mauern, Pfeilern und Säulen, am Spalier an Fassaden, Lauben und Laubengängen und sogar zur Verschönerung von Bäumen
Spindelstrauch *Euonymus fortunei*	ein immergrüner, anschmiegsamer Kriecher und Kletterer mit hübschen panaschierten Blättern, der gleichermaßen als Bodendecker oder als Kletterer an Mauern und Fassaden, zur Laubenbegrünung oder zum Verdecken von Palisaden an Sonnen- bis zu Schattenstandorten eingesetzt werden kann
Trompetenblume *Campsis radicans*	ein stark wachsender Wurzelkletterer für Mauern und Hauswände, für die Pergola und für Einzelstellungen an Pfeilern und Säulen an sonnigen, möglichst zugfreien Standorten

Unten: Glyzine an einem Stadthaus

Kleiner Stadtgarten mit Spielplatz

Schadstoffe findet man allerorten in der Luft, unsere Städte sind jedoch am schlimmsten belastet. Auch die Behörden haben das erkannt und versuchen schon seit mehr als 20 Jahren durch verstärkte Begrünungsmaßnahmen Wohnumfeldverbesserungen zu erreichen. Tatsächlich steigt der Anteil der Fassadenbegrünungen dabei ständig an, scheitert zum Teil jedoch immer wieder an weit hergeholten Vorbehalten der Hauseigentümer und mangelnden Kenntnissen. Natürlich steht die Frage nach den Pflanzen ganz vorne an, und da begegnen wir wieder unseren alten Bekannten: Efeu, Jungfernrebe und Knöterich, Kletterhortensie und Trompetenblume eignen sich bestens, sogar einige Weinsorten kann man in städtischen Räumen ansiedeln. Auch eine Reihe von Rosen und *Clematis*-Sorten sind inzwischen mit von der Partie.

Besondere Faktoren in städtischen Gebieten

Gärten in städtischen Gebieten weisen einige Besonderheiten auf, die sehr häufig zu Fehlschlägen führen können.
Die häufigsten Ursachen dafür sind ungeeigneter Boden und seine tief reichende Verdichtung. Oft ist er dazu noch stark verunreinigt und weist Störungen im Wasserhaushalt auf. Hier muss demnach eine Menge getan werden, um überhaupt erst die Voraussetzung für eine Ansiedlung von Pflanzen zu schaffen – der Boden muss tiefgründig ausgetauscht werden.

Kletterpflanzen für städtische Bereiche

Name	Hinweise
Clematis in Sorten	Besonders geeignet sind *montana*- und *viticella*- Arten, sie lieben zwar Wärme, sind jedoch hart im Nehmen und regenerieren sich recht schnell.
Efeu *Hedera* in Sorten	Efeu ist nicht nur wegen seiner panaschierten Blätter schön anzusehen, sondern ist ein ausgezeichneter Luftfilter, Staubfänger und Schallschlucker, der in Stadtbezirken sehr, sehr wichtig ist, er braucht genügend Feuchtigkeit.
Glycine *Wisteria*	Dieser langlebige, starke, fast baumartige Kletterer ist Autoabgasen gegenüber sehr tolerant. Die Glycine liebt geschützte, sonnige bis halbschattige Standorte und hat einen hohen Wasserbedarf; man pflanzt sie im Hinterhof am besten an die Sonnenseite.
Jungfernrebe *Parthenocissus* in Sorten	Diese ausdauernde, winterharte aber leider nur sommergrüne Pflanze ist zumindest im Sommer ein guter Staubfänger, Luftfilter und Schallschlucker; der anspruchslosen und robusten Pflanze ist jeder Standort recht.
Schlingknöterich *Fallopia*	Die unendlichen Blattmassen des mit unwahrscheinlicher Geschwindigkeit wachsenden Kletterers sind ebenfalls Staubfänger, Luftfilter und Schallschlucker zugleich; gedeiht in jeder Lage und erfüllt seine Aufgabe auch im dunklen Hinterhof mit Bravour.
Wilde Weinrebe *Vitis coignetia*	Die genügsame, Kalk liebende Rebe erfüllt mit ihren vielen großen Blättern die gleichen Anforderungen wie Jungfernrebe und Knöterich; sie liebt Sonne bis Halbschatten, sollte deshalb in Innenhöfen nicht an Schattenwände gesetzt werden.

Durch die hohen Fassaden und Hausecken in dicht besiedelten Vierteln entsteht schon bei leichten Winden eine Art Düsenwirkung, die starke Luftströmungen zur Folge hat. Austrocknung und regelrechte Windbrüche sind die Folge. Starke Rankgerüste und regelmäßige Feuchtigkeitszufuhr können Abhilfe schaffen.
Umgekehrt entstehen durch Wärmeabstrahlungen der hohen Fassaden vor allem in der Wachstumsphase schnell Verbrennungen. Hier hilft an heißen Sonnentagen eine leichte Abschirmung. Viele Häuser sind mit Entlüftungsanlagen ausgestattet, deren Austrittsöffnungen einen kräftigen, sehr trockenen Wind austreten lassen. Er verursacht Trockenschäden, die Wuchsdepressionen hervorrufen. Und schließlich verursacht der in den Städten oft stark dränierte Boden eine Beeinträchtigung der Wuchs- und Konkurrenzkraft unserer Pflanzen, besonders bei geringer Niederschlagshäufigkeit – regelmäßiges Wässern ist also unerlässlich.
Trotz all der genannten widrigen Umstände findet man inzwischen in immer mehr Hinterhöfen liebevoll angelegte Grün-Oasen, und es scheint, als hätten sich auch die Kletterpflanzen den dort herrschenden Verhältnissen angepasst. Die Bedeutung dieser Oasen als Erholungsraum und Luftverbesserer darf nicht unterschätzt werden. Es kann gar nicht genug von ihnen geben.

Pflanzen für den kleinen Stadtgarten

1. Rose 'New Dawn' am Klettergerüst
2. *Clematis viticella* 'Mme Julia Correvon'
3. Jungfernrebe (*Parthenocissus tricuspidata*)
4. Kletterhortensie (*Hydrangea petiolaris*)
5. Efeu (*Hedera helix*) am Baum
6. Efeu, H.-h.- 'Goldheart' an der Wand
7. Glyzine (*Wisteria sinensis*) an der Pergola
8. Verschiedene Bodendecker wie Efeu, Immergrün, Farn, Funkien u. a.
9. Pflanzen für leicht saure Erde wie Hortensien, Azaleen und Erica

Oben: Eine Klettertrompete überwuchert einen Hausgiebel.

Pflanzen für den Sitzplatz

1. Rose 'Compassion'
2. Wilder Wein (*Parthenocissus tricuspidata*) und Efeu (*Hedera helix*) 'Goldheart'
3. Glyzine (*Wisteria sinensis*)
4. Pfeifenwinde (*Aristolochia macrophylla*)
5. Funkien und andere niedere Pflanzen für schattige Lagen
6. Mondsame (*Menispermum canadense*), Achtung: giftige Früchte!

Oben: Herbststimmung mit Wildem Wein *(Parthenocissus).*

Gegenüberliegende Seite: Rustikale Laube mit Sitzplatz.

Sitzplatz unter einer Pergola

Ein Gärtner sucht nicht lange nach der »Blauen Blume der Romantik«, er pflanzt sie in seinen Garten. Genau so ist das mit den Sitzplätzen in unseren Gärten – sie befinden sich mit Sicherheit als erweitertes Wohnzimmer direkt am Haus und sind im Grunde schon entstanden, bevor das Haus fertig war. Vielfach bleibt auch gar nichts anderes übrig, denn wo soll der Sitzplatz denn auch hin, wenn nur wenig Platz zur Verfügung steht. Steht genügend Raum zur Verfügung, sollte die Frage nach einem zweiten Sitzplatz aber ernsthaft in Erwägung gezogen werden.

Oasen der Ruhe

Sitzplätze im Garten sind für den Menschen wichtig. Eine schützende Wand, ein grünes Dach, das vor heißer Sonne schützt, und seitwärts ein wenig Grün als Schutz vor allzu neugierigen Blicken wirken beruhigend und vermitteln Sicherheit; Licht- und Schattenspiele und das Säuseln des Windes in den Blättern helfen entspannen und den Alltag vergessen.
Oasen zum Träumen können sie sein, die Sitzplätze und Lauben – ein kleines Geheimnis hinter dichten Blättern. Geduld braucht der, der gerade beginnt, seine Gartenpläne zu verwirklichen – vielleicht sogar ein ganzes Leben, denn es braucht Zeit, um solche Oasen zu erschaffen. Ebenso wichtig wie die Wahl des richtigen Standorts ist der Baustil des Sitzplatzes. Er sollte auf jeden Fall seiner Umgebung angepasst werden. Baumärkte bieten eine Vielzahl von Bauelementen in den verschiedensten Stilrichtungen an und dort erhält man auch das Baumaterial für den Selbstbau. Am meisten aber macht

Kletterpflanzen zur Gestaltung von Sitzplätzen

Name	Hinweise
Clematis in Sorten	Am besten an äußere Stützen oder ein Rankgitter zwischen zwei Stützen pflanzen, damit man die herrlichen Blüten genießen kann, *Montana rubens* nimmt auch gern das Dach ein und streut ihre Blütenfülle von oben herab.
Efeu *Hedera helix* in Sorten	Bei Sitzplätzen an Mauern oder unter alten Bäumen versteckt Efeu Mauer, Boden und Baum, er schafft so den Eindruck grüner Geborgenheit. In den Vordergrund gehört er nicht, aber als Kulisse ist er nicht zu übertreffen
Geißblatt *Lonicera* in Sorten	Geißblatt und Efeu zusammen stellen eine gute Kulisse. Geißblatt seitlich des Sitzplatzes an einem Gitter oder bei Lauben neben dem Eingang, macht sich hervorragend. Blüten und Duft werden Sie erfreuen. Vorsicht:giftig!
Glycine *Wisteria sinensis*	Liegt der Sitzplatz am Haus, gehört sie an die Fassade, überdacht ihn eine Pergola, an die äußeren Stützen. Liegt der Sitzplatz unter der Pergola abseits im Garten, können Sie sie an allen vier Stützen hochranken lassen und leben im Frühjahr unter Kaskaden von weißen bis violetten Blüten, im Sommer unter einem dichten Dach.
Jungfernrebe *Parthenocissus quinquefolia*	Natürlich ist sie eine herrliche Kulisse, wie der Efeu, doch sie eignet auch zur völligen Überdachung und Einfassung eines Sitzplatzes; im Herbst stellt ein solcher Platz mit seiner Farbenpracht alles in den Schatten.
Klertterhortensie *Hydragena petiolaris*	Sie macht sich am besten zusammen mit anderen als Kulisse, oder in Einzelstellung an einer der Säulen des überdachten Sitzplatzes, an Lauben oder dem Pavillon wirkt sie in Gesellschaft immer am besten.
Hopfen *Humulus lupulus*	An Säulen gepflanzt, versteckt der Hopfen im Sommer alles unter seinem dichten Blätterkleid und bietet ausgezeichneten Sonnenschutz; im Herbst zieht er ein und gibt den Blick wieder frei, jetzt kann man notwendige Reparaturen erledigen.
Pfeifenwinde *Aristolochia macrophylla*	Mit ihren riesigen, wohlgeformten Blättern und den hübschen Blüten gehört sie an einen der Pfeiler des Sitzplatzes oder an ein Gitter zwischen den Pfeilern, so bietet sie Sicht- und Sonnenschutz, verbreitet allerdings während der Blütezeit keine sehr angenehmen Düfte.
Rosen	Ob Rambler oder Climber, sie gehören an die Stützen oder die Rankgitter zwischen den Stützen. Eine Rosenlaube, die völlig unter Blüten verschwindet, ist ein einzigartiger Anblick, wenn man Blütenfarbe und Blütezeit abgestimmt hat.
Trompetenblume *Campsis radicans*	Eine Kulisse mit diesem Wurzelkletterer ist nur zu empfehlen, auch in Verbindung mit anderen Kletterern. Sie kann aber auch Lauben oder Pavillons völlig verstecken oder als Blickfang an einer Ecke des Sitzplatzes stehen.
Wilder Wein *Vitis coignetiae*	Eine herrliche Pflanze für einen Sitzplatz: Schon bald verdecken die Blätter die Sicht und schützen vor Sonne, und im Herbst sitzt man unter verglühendem Laub.

später die Bepflanzung aus, denn nur sie bestimmt den Charakter dieser besonderen Orte.
Efeu und Pfeifenwinde an der Pergola, ein malerischer Laubengang mit Rosen und *Clematis* bepflanzt, eine Mauer mit Trompetenblumen und Geißblatt geschmückt neben einer Laube, an der im Frühjahr der Blauregen blüht, die im Sommer von Rosen übermannt und im Winter von Efeu geschützt wird – das sind Beispiele, wie es einmal sein könnte. Kahle Mauern, die hinter Sitzplätzen liegen, können der Jungfernrebe, Wildem Wein oder sogar Echtem Wein versteckt werden, und eine auf der Gegenseite an einer Pergola hochgezogene Trompetenblume gibt den Blick in den Garten frei. Und natürlich Rosen mit *Clematis* – immer wieder Rosen und *Clematis*, die mit ihrer farbenfrohen Blütenfülle alles verzaubern.

Rosengarten für Liebhaber

Die Schönheit der Rose verzaubert jeden Garten. Und mit der Vielgestaltigkeit unserer Kletterrosen lassen sich ganze Gartenpartien märchenhaft gestalten. Man findet Kletterrosen mit aufrechtem, starkem Wuchs, weit aufgefächert an Wandspalieren, oder weichtriebige Rambler, die mit ihren langen Trieben Pergolen und Lauben leicht umspielen, um sie mit überschäumender Blütenfülle fast zu erdrücken. Sie blühen zwar nur einmal im Jahr, dafür aber reichlich. Man findet streng an Säulen hochgezogene Rosen, die über Seile oder Ketten wie Girlanden von Säule zu Säule wandern, und man findet Bäume, die von Rosen erobert wurden und nun zwischen ihrem dunklen Blattwerk herrliche Rosenblüten hervorblicken lassen. Und so kann man fortfahren. Ein Rosenbogen ist wie die Pforte ins Paradies, eine Gartenlaube Dornröschens verwunschenes Schloss und Ihr an einer Pyramide oder einem Obelisken hochrankender Liebling schlägt alle Blicke in seinen Bann.

Die passenden Begleiter

Doch ohne Begleiter wäre das Paradies nicht ganz gelungen. Lavendel und bodennahe Stauden wie Storchenschnabelarten, niedriges Schleierkraut, Katzenminze, Frauenmantel und die stark duftenden Polsternelken sind ebenso geeignete Partner, wie höhere, Struktur gebende Pflanzen. Zu diesen gehören Fingerhut, und Lupine, Rittersporn, Fackellilie und die Glockenblume. Und wer außer dem Rosenduft noch ein wenig fremden Duft

Ganz oben: Pergola mit Kletterrosen – ein wunderschöner Wandelgang.

Oben: Auch farblich eine gelunge Bepflanzung – Kletterrose am Spalier.

Kletterrosen

Name	Höhe	Blütenfarbe	Zeit
'Alchimist'	4 m	orangegelb, duftend	VI–VII
'American Pillar'	4 bis 5 m	karminrosa	VI–VII
'Constance Spry'	4,5 m	weiches Rosa	VI–VII
'Dirk Benschop'	3 bis 4 m	rahmweiß, duftend	VI–VII
'Flammentanz'	4 bis 5 m	blutrot, gefüllt	VI–VII
'Geschwinds Nordl.'	3 m	rosa	VI
'M. Grég. Staechlin'	3 bis 4 m	lachsrot	VII–VIII
'Coral Dawn'	2 bis 3 m	korallenrosa	öfter
'Gloire de Dijon'	3,5 m	lachsrosa, duftend	öfter
'Compassion'	2 bis 3 m	lachsrosa, duftend	öfter
'Dortmund'	2 bis 3 m	scharlachrot	öfter
'Goldener Olymp'	2 m	goldgelb, duftend	öfter
'Golden Showers'	2 bis 3 m	goldgelb, duduftend	öfter
'Gruß aus Heidelberg'	2 bis 3 m	feurig rot, duftend	öfter
'Ilse Krohn sup.'	2 bis 3 m	weißgelb, duftend	öfter
'Rosarium Utersen'	2 bis 3 m	kräftig rosa, duftend	öfter
'Schwanensee'	2 bis 3 m	rosa gehaucht	öfter
'Sympathie'	3 bis 4 m	dunkelrot, duftend	öfter
'Zéphérine Drouhin'	3 bis 4 m	karminrosa, duftend	öfter

genießen will, ergänze mit Gewürzpflanzen wie Salbei und Thymian. Natürlich kann man als beruhigendes Element zu so viel Blütenfülle einige Immergrüne wie Buchsbaum, Eibe oder Zeder hinzufügen.
Nun ist ein Paradies niemals umsonst, denn schön kann nur sein, was gut erzogen und gepflegt ist. Unser Rosengarten wird deshalb eine Menge Erziehung brauchen. Die Seitentriebe der einmal im Sommer blühenden Sorten müssen auf wenige Augen zurückgeschnitten werden. Damit hält man die Konturen von Bögen und Pfeilern, an denen sie emporwachsen, sichtbar und erreicht für das nächste Jahr wieder eine große Blütenfülle. Bei den öfter blühenden Ramblern dagegen wird Verblühtes regelmäßig entfernt. Die unterschiedliche Behandlungsweise ist mit ein Grund, warum man bei der Bepflanzung der beiden Seiten von Rosenbögen entweder paarweise pflanzt oder sich zumindest um Abstimmung bemüht, um später beim Schnitt keine Probleme zu bekommen. Natürlich gilt dies auch bei der Kombination von Rose und *Clematis* oder dem purpurblättrigen Wein. In England gesammelte Erfahrungen zeigen, dass diese drei sich ausgezeichnet ergänzen und gegenseitig stimulieren.
Man wird die Schere in einem solchen Garten nicht aus der Hand geben dürfen, denn immer sind trockene Triebe, Verblühtes, von Schädlingen Befallenes und Krankes zu entfernen. Gerade diese laufenden Arbeiten sind sehr wichtig, soll das Paradies ein Paradies bleiben.

Pflanzen für den Rosengarten

1. Rose 'Lykkefund' beiderseits des Tores, als Girlande weitergeführt
2. Rose 'Paul Noél' als Bodendecker, gezogen mit Buchs-Stämmchen
3. Rose 'Mme Grégoire Staechelin' am Klettergerüst, hier mit *Clematis viticella* 'Comtesse De Bouchaud'
4. Rose 'Felicité et Perpétue' und *Clematis* 'Alba luxurians'
5. Rose 'Mme Pereire'
6. Rose 'New Dawn' und *Clematis* 'Hagley Hybrid'
7. Rose 'Zéphérine Drouhin' mit *Clematis viticella* 'Entel'
8. Rose 'Alberic Barbier' an zwei Pfeilern gepflanzt und als Girlande zwischen beiden rankend
9. Rose 'Léontine Gervais' am Pfeiler
10. Rose 'Ghislaine de Féligonde' als Trauerstämmchen gezogen
11. Polsternelken
12. Storchenschnabel
13. Lavendel
14. Buchshecke
15. Katzenminze und Fingerhut
16. Frauenmantel
17. Beet mit Stauden wie Fingerhut, Lupinen und Rittersporn

Oben: Eine einfache Pyramide aus Rundhölzern, verzaubert durch die violetten Blüten der *Clematis* 'Victoria'.

Links: Ein Schmuckstück auch für Ihren Garten – Efeu als Solitär an einer Kletterhilfe.

Originelle Kletterhilfen im Eigenbau

Das richtige Gerüst für die richtige Pflanze

Rechts: Eine stabile Pergola ist für die schwere, reich blühende Glyzine unbedingt erforderlich.

Die wenigsten haben die sprichwörtlichen »zwei linken Hände«. Meist fehlt es nur an etwas Mut und Selbstvertrauen. Also: Bauen Sie Ihre Kletterhilfen selber. Es ist wirklich nicht so kompliziert, wie Sie glauben.

Beginnen Sie daher mit einfachen Dingen, von Stück zu Stück werden Sie mehr Sicherheit gewinnen. Und wenn das Werk schließlich vollbracht ist, haben Sie allen Grund, mit sich zufrieden zu sein und Ihr Werk zu genießen.

Kletterhilfen selber bauen

Was man alles braucht!

Der Selbstbau von Kletterhilfen ist recht einfach und bedarf auch keines großen Werkzeugparks. Selbst anspruchsvollere Objekte, wie Rosenbögen, Pergolen und Lauben erfordern nicht mehr Werkzeuge, als der normale Heimwerker in seiner Werkstatt zusammengetragen hat. Verfügt er dazu über genügend Raum und kann auf diverse Elektrogeräte wie Kreissäge, Kappsäge, Elektrofuchsschwanz und Bohrmaschinen zurückgreifen, wird jeder Eigenbau für ihn zum Kinderspiel.

Das richtige Werkzeug

Die Mindestausstattung sollte umfassen:
einen guten, nicht ständig zusammenklappenden Maßstab, einen korrekten rechten Winkel (90°), einen scharfen Fuchsschwanz mit feiner Zahnung, Stechbeitel verschiedener Breiten, einen fest sitzenden Gummihammer, einen 100 bis 300 g schweren Hammer, eine Raspel und eine Auswahl intakter Schlitz- und Kreuzschraubendreher.
Legen Sie Ihr besonderes Augenmerk darauf, dass Ihr Werkzeug in Ordnung ist, und greifen Sie beim Kauf nicht auf die billigsten Angebote zurück, das erspart Ihnen viel Ärger und gibt Ihnen auch einen gewissen Schutz. Schlechtes Werkzeug – etwa ein Stechbeitel mit losem Griff – erhöht die Verletzungsgefahr erheblich. Ein brechender Stechbeitel oder ein sich verbiegender Bohrer kann zu erheblichen Gesichtsverletzungen führen. Beherzigen Sie deshalb unseren Rat: Mustern Sie altes und schlechtes Werkzeug aus und legen Sie beim Neukauf lieber ein wenig mehr Geld an.

Oben: Das richtige Werkzeug.

Rechts: Verschiedene Holzarten
Obere Reihe: Eiche, Douglasie, Tanne
Untere Reihe: Kiefer, Robinie, Lärche

Das Material

Die Auswahl geeigneter Materialien ist riesengroß! Von Metall über Kunststoff bis hin zu den verschiedenen Holzarten, ist alles im Fachhandel erhältlich.
Der normale Heimwerker wird Holz bevorzugen. Es ist einfach zu bearbeiten und im Vergleich zu den anderen Materialien in der Regel recht preiswert.
Selbstverständlich gibt es auch beim Holzeinkauf erhebliche Preisunterschiede. In unseren Breiten ist das billigste Material Fichtenholz. Bei Kiefernholz ist örtlich mit Mehrkosten von 50 bis 100 % zu rechnen. In keinem Verhältnis zu diesen Preisen stehen jedoch die Kosten für Eichenholz oder exotische Hölzer wie z.B. Teakholz. Die Lebenserwartung dieser Hölzer kann sich jedoch sehen lassen. Nach etwa 30 Jahren im Freien benötigte mein Teakholztisch neue Beine, weil das kunststoffummantelte Stahlgestell völlig zusammengerostet war. Die Tischplatte selbst war vollkommen intakt.

Sicherlich werden sich viele für Fichte oder Kiefer entscheiden. Dann aber sollte Wert darauf gelegt werden, daß das Holz imprägniert ist. Es reicht nicht aus, wenn Sie diese Imprägnierung mit dem Pinsel auftragen und sich dabei eines der vielen Lösungsmittel aus dem Fachhandel bedienen, nein, achten Sie darauf, dass Ihr gekauftes Holz »kesseldruckimprägniert« ist.
Wenn Sie Gelegenheit haben, billiger an Rohholz zu kommen, so schneiden Sie es zu und lassen es von einer der vielen kleinen Fachfirmen (Adressen finden Sie im Branchenverzeichnis) für einige Mark nach dem Kesseldruckverfahren bearbeiten.
Nun kann es vorkommen, dass das Angebot der Baumärkte den Geschmack nicht trifft oder man sich etwas ausgedacht hat, dessen Herstellung das eigene Können übersteigt, wie zum Beispiel Bögen oder bestimmte Verzierungen. Hier helfen die Kataloge spezieller Hersteller, die in der Regel eine verblüffende Auswahl im Angebot haben.

Was wir selber bauen können

Mut zum Eigenbau!

Unserer Phantasie sind absolut keine Grenzen gesetzt, wir müssen nur wissen, was wir eigentlich wollen. Neben den vielen Kletterhilfen in herkömmlicher Holzbauweise lassen sich für Einzelstellungen wunderhübsche Gebilde aus Baustahl schaffen. Lässt man sie vollständig beranken, erreicht man ähnliche Effekte wie beim kunstvollen Schnitt immergrüner Gehölze (Buchsbaum, Eibe u. a.). Geometrische Körper, Elefanten, Giraffen und viele andere Körper kann man auf diese Weise schaffen, und sie haben den Vorteil, auch innen begehbar zu sein, wenn man das Skelett nur groß genug auslegt.
Auf den folgenden Seiten finden Sie einige konkrete Beispiele, die auch ein ungeübter Heimwerker herstellen kann, wenn er nicht gerade zwei linke Hände hat. Am besten beginnt man mit dem, was am einfachsten erscheint, und Sie werden sehen, dass Ihr Selbstvertrauen mit jedem selbst gebauten Stück wächst und Sie immer begieriger werden, sich an einer schwierigeren Aufgabe zu betätigen.

Links: Alle diese Hilfen, ob groß oder klein, kann man im Fachhandel kaufen oder sich anfertigen lassen. In der Regel aber sind sie nicht das, was wir gerade haben wollen.

Ein einfacher Wall

Einige Dachlatten, eine Hand voll Schrauben, einfacher, verzinkter Maschendraht und Dachpappennägel ist alles, was wir für den hier gezeigten Wall brauchen.
Er macht auch nicht viel Arbeit, unser Wall. Zwei beliebig lange Latten werden im Abstand von etwa einem Meter mit kurzen Latten verbunden, so dass eine Leiter entsteht. Diese bespannen Sie mit Maschendraht, und schon ist eine Wallseite fertig. Im gleichen Verfahren stellen wir die zweite Seite her, verschrauben beide Seiten dachförmig miteinander, stellen das Gebilde am vorgesehenen Standort auf und können sofort mit dem Pflanzen beginnen.
Gern wird zur Bepflanzung auf einjährige Pflanzen zurückgegriffen, da der Wall auf diese Weise jährlich ein neues Gesicht zeigen und man im Herbst notwendige Erhaltungsmaßnahmen am Rankgerüst durchführen kann. Und man kann ihm auch eine nützliche Seite abgewinnen, indem man ihn von Gurken beranken lässt. Auch sie gehören zu den Kletterpflanzen.

Die einfache »Mauer«

Es muss nicht immer eine massive Mauer aus Stein oder Beton sein, das kann sogar manchmal eher stören. Eine berankte Mauer lässt sich auch einfacher konstruieren. Stellt man beispielsweise die vorgefertigten Seitenteile – wie wir sie vom Wall schon kennen – senkrecht auf und verbindet sie in regelmäßigen Abständen mit kurzen Latten, erhält man eine künstliche Mauer, die in beranktem Zustand gegenüber den festen Mauern einen ungeahnten Vorteil bietet: In ihrem Schutz können Pflanzen gut gedeihen, da der Wind nur leicht gebrochen wird. Hinter einer Steinmauer entsteht dagegen eine Sogwirkung. Sie erzeugt starke Luftwirbel, die die dahinter wachsenden Pflanzen stark in Mitleidenschaft ziehen können, und die viel kühler sind, als es die durch unsere berankte Mauer fließende Luft sein kann.

Ein Seitenteil zur Konstruktion eines einfachen Walls.

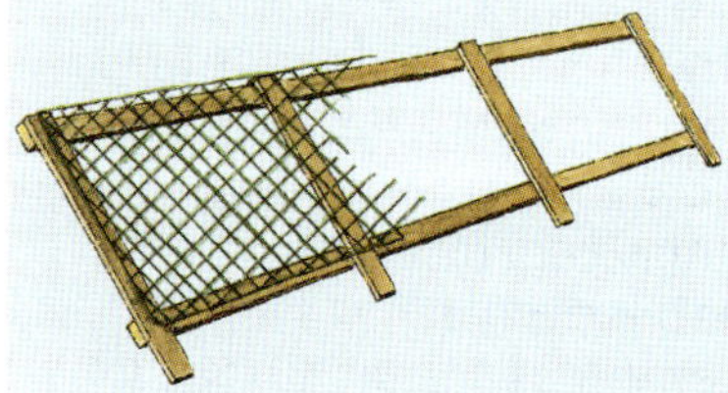

Der fertige Wall ohne Bepflanzung mit stabilisierenden Querstreben.

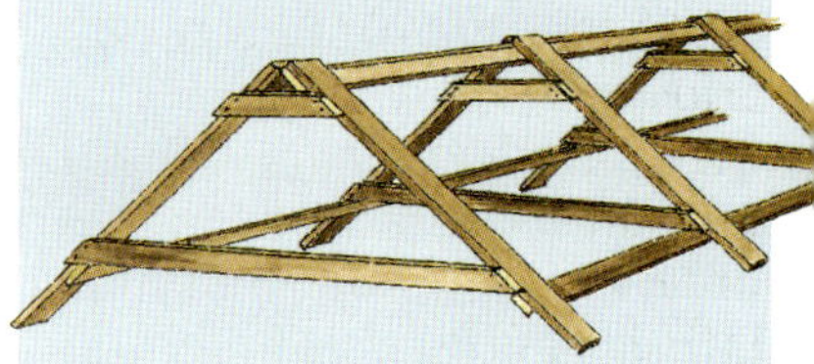

Die einfache Mauer fertig zur Bepflanzung.

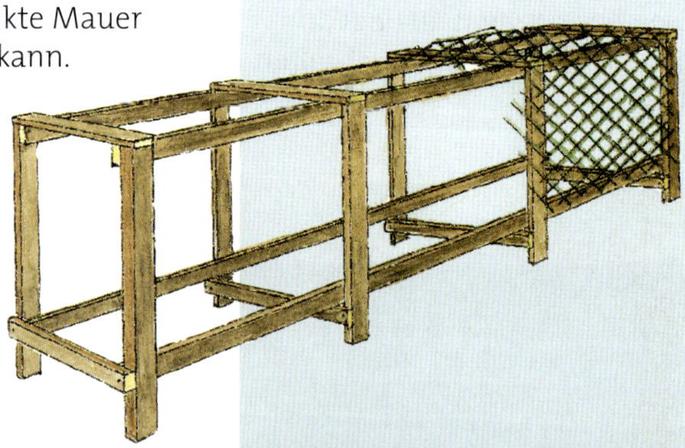

Links: Diese künstliche Mauer aus alten Bahnschwellen hat der Efeu noch nicht erobert. Hat er das erst geschafft, wird die Mauer durch die unterschiedlichen Höhen der Schwellen eine tolle Wirkung erreichen und vor allem in der Dämmerung recht geisterhaft wirken.

Pyramiden

Eine Pyramide bringt Kletterpflanzen erst so richtig zur Geltung, und ihre Konstruktion ist kinderleicht. Benötigt werden dazu eigentlich nur drei nicht zu dicke, imprägnierte Rundhölzer, einige ebenfalls imprägnierte Dachlatten oder einfach nur ein wenig Maschendraht. Die Montage selbst ist denkbar einfach und besteht eigentlich nur in der Befestigung der drei Hölzer untereinander an ihrer Spitze. Dies kann einfach mit einem Draht oder auch mit Schrauben erfolgen.
Die Gestaltung des Kopfes kann unendlich vielfältig sein und unterliegt Ihrem Geschmack und Erfindungsgeist.
Natürlich lassen sich solche Pyramiden auch aus Dachlatten, feinem Schmiedeeisen oder ganz einfach aus Baustahl herstellen. Die nebenstehenden Abbildungen zeigen einige Möglichkeiten auf.

1 Drei Stäbe, ein Bolzen, eine Mutter – fertig ist die Pyramide.
2 Etwas feiner wirkt die Pyramide mit Kopf.
3 Zwei Dreiecke ...
4 ... gegeneinander gelegt, mit Latten verschraubt ...
5 ... und mit Kopf versehen, ergeben eine dauerhafte, starke Pyramide.

1

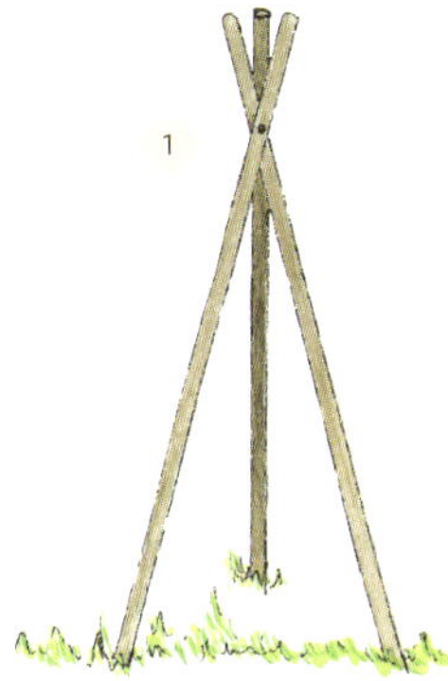

2

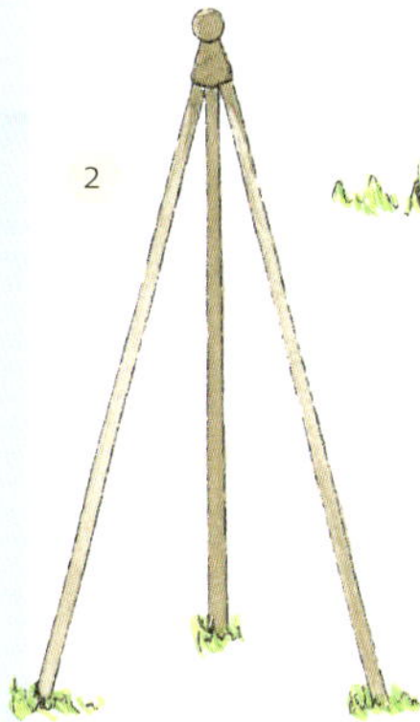

5

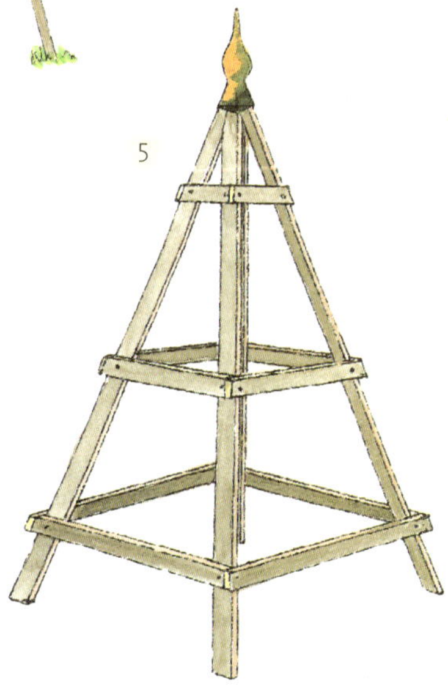

3

4

Links: Eine Pyramide aus Weidengeflecht wirkt zierlich und zerbrechlich, doch da täuscht man sich. Wer sie selber bauen will, muss zumindest die Ruten für das Flechtwerk gut wässern, damit sie geschmeidig werden und beim Flechtvorgang nicht brechen.

Rechts: Pyramiden kann man für Töpfe, Kübel und das Freiland kaufen.

Pfeiler für eine Pergola

Die verschiedenen Pfeilertypen wurden bereits angesprochen. An dieser Stelle wollen wir Ihnen Anregungen zu einer hübschen Eigenkonstruktion bieten. Selbstverständlich wird wieder kesseldruckimprägniertes Holz verwendet. Teile wie die Profilleisten, die Kugel oder die Kapitelle erhält man jedoch nur ohne Imprägnierung. Da diese Teile keine tragende Funktion haben und später ohnehin alles lackiert werden soll, ist das nicht weiter von Bedeutung.
Die Abbildung rechts zeigt – von links nach rechts betrachtet –, wie man beim Bau vorgehen sollte. Doch können Sie erst beginnen, wenn der Pfeiler richtig im Lot ausgerichtet, die Fußeisen einbetoniert sind und der Beton abgebunden hat. Da der untere Teil durch zusätzliche Leisten etwas breiter gehalten wird, ist später von den Eisen nichts mehr zu sehen. Die Kapitelle kann man aus einer dicken Diele herausarbeiten, doch ist es einfacher, sie aus zwei Lagen zu fertigen, die dann mit wasserfestem Leim und Schrauben miteinander verbunden werden. Der innere Ausschnitt wird dabei etwa fünf Millimeter größer als der Balkenquerschnitt angezeichnet, an den vier Ecken vorgebohrt und mit der Stichsäge ausgeschnitten. Die Kugel wird mit einem Dübel verleimt und auf den Balkenkopf aufgesetzt. Nach abschließender Lackierung sieht der Pfeiler dann recht stattlich aus.
Gestaltungsmöglichkeiten mit diesen Pfeilern gibt es viele: Eine mit Rankgittern versehene Pfeilerreihe, die Sie mit Wein, Efeu oder herrlichen alten Kletterrosen beranken lassen, bietet einen hübschen Sichtschutz. Ein Weg, den eine Reihe von Toren aus selbst gebauten Pfeilern säumt und dessen Berankung zur Blütezeit in allen Farben leuchtet, verzaubert jeden Garten. Sie können aber auch Ihre Terrasse in ein lauschiges, gemütliches Plätzchen verwandeln, um das Sie jeder Besucher sicherlich beneiden wird.

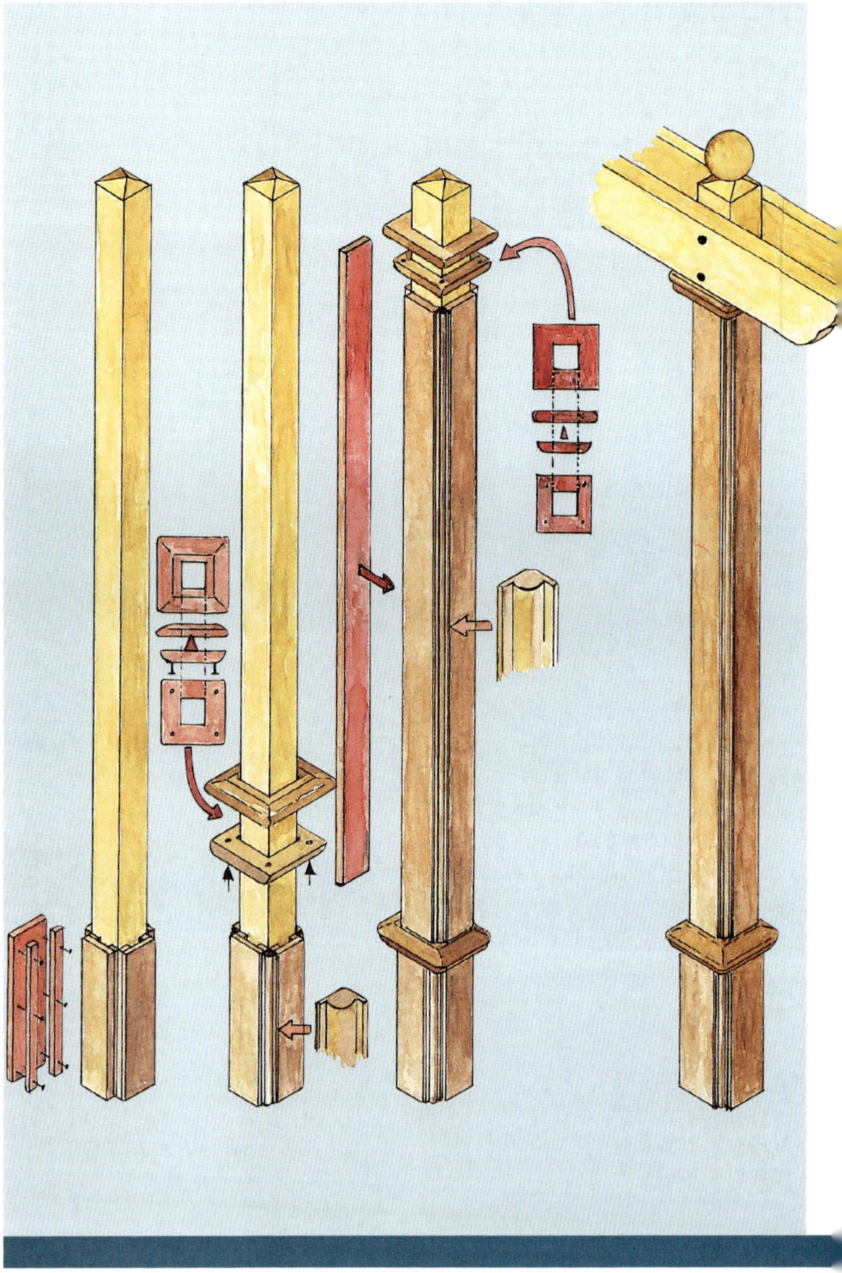

Oben: Dargestellt sind – von links nach rechts – die einzelnen Fertigungsphasen eines dekorativen Holzpfeilers. Da beinahe alles in den notwendigen Maßen beschafft werden kann, fallen nur wenig Sägearbeiten an.

1

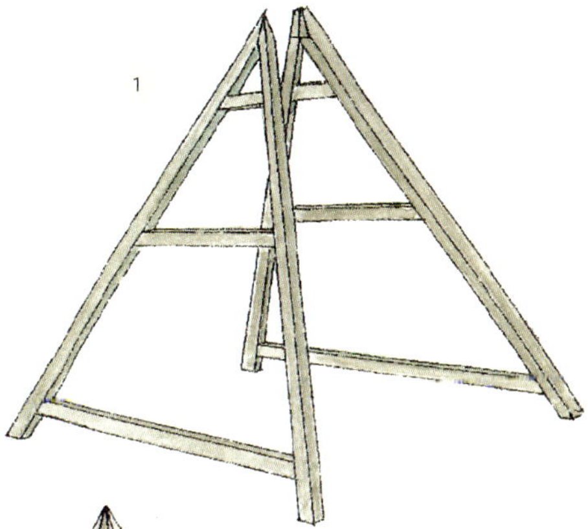

2

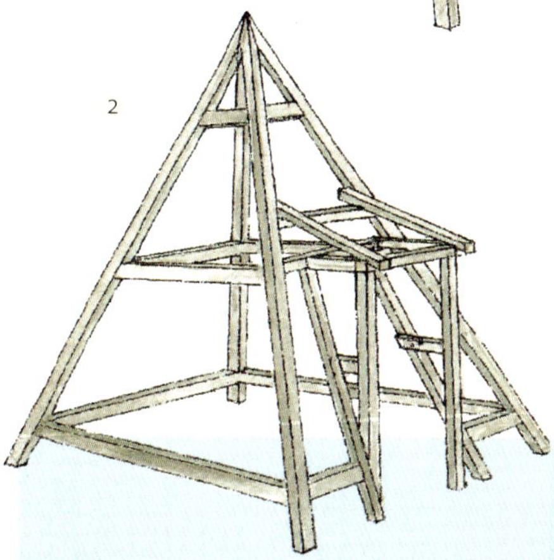

3

1 Zwei Dreiecke bilden die Basis des Tipi.

2 Die beiden freien Seiten werden mit Vierkanthölzern miteinander verbunden. Wer will, kann auf die dargestellte Art für Türen oder Fenster sorgen. Ein einfacher Durchgang und ein einfaches Fensterloch reichen natürlich auch.

3 Eine Verkleidung aus beispielsweise Faserbrettern gibt allem Stabilität. Die gehobelte Seite liegt dabei innen. Mit Dachpappe verklebt wird das Tipi auch regendicht.

Zum Schluss schraubt man in Abständen von 50 cm Ösen ein und zieht Spanndrähte. Dann kann gepflanzt werden.

Ein »Tipi« für die Kleinen

Hierfür wählen wir einen quadratischen Grundriss und suchen uns stärkere Latten (4 x 6 cm) oder Kanthölzer (7 x 7 cm) aus. Je zwei der Hölzer werden spitzwinklig verschraubt und nach unten hin alle 75 cm mit normalen Dachlatten verstärkt. Man benötigt zwei der beschriebenen Dreiecke, die dann gegeneinander gelehnt und mit Schrauben verbunden wie eine Pyramide wirken. Werden die Seiten mit glasfaserverstärkter Folie bespannt oder mit billigen Nut- und Federbrettern verkleidet, die mit Dachpappe geschützt sind, bleibt der Innenraum frei von Pflanzentrieben. Mit einer winterharten, immergrünen Bepflanzung ist unsere natürliche Pyramide ganzjährig zu benutzen und wird an heißen Sommertagen wunderbar kühl sein, im Winter dagegen immer noch passable Temperaturen bieten. Ein wunderbarer Spielplatz für unsere Kinder!

Allerlei »Tierisches«

Ungeahnte Gestaltungsmöglichkeiten bieten Baustahlmatten oder verzinkte Drahtgeflechte. Jede Baustoffhandlung kann diese Matten in den verschiedensten Stärken liefern. Außer einigen Einzelstäben mit etwas stärkerem Durchmesser und Bindedraht benötigt man lediglich eine Baustahlzange zum Schneiden der Muster. Vom Hündchen bis zur Giraffe ist alles möglich, es muss nur groß genug sein, damit unsere Kletterer auch zur Geltung kommen können.
Nehmen wir als Beispiel den Bau eines Elefanten.
Dazu legen wir eine Baustahlmatte auf den Boden und schneiden (siehe Zeichnung) zunächst die Konturen der Beine aus. Mit Hilfe eines Rundholzes und eines großen Hammers werden diese dann geformt. Ist das geschehen, stülpt man die Seitenteile über imprägnierte, in den Boden gerammte Rundhölzer, die in einem Abstand von etwa 80 cm bis 100 cm nebeneinander stehen sollten. Ebenfalls aus einer Baustahlmatte formt man den Kopf. Für den Schwanz und den Rüssel wird ein einzelner Moniereisenstab in die gewünschte Richtung gebogen und am Körper befestigt. Mit einem Stück röhrenförmig gewickelten Maschendraht, das über die Stäbe geschoben und an ihnen befestigt wird, erhalten beide die gewünschte Stärke. Die beiden Ohren werden ebenfalls aus einem Reststück der Baustahlmatte geschnitten und am Kopf mit Bindedraht befestigt. Als Augen dienen zwei mit einem schwarzen Punkt bemalte Plastiktellerchen, die man ebenfalls mit Bindedraht befestigt. Und schon steht das Skelett unseres Elefanten. Zumindest der Rumpf kann auch hier mit einer starken Folie abgedeckt werden, und dann kann die Bepflanzung beginnen. Geeignet ist schöner, bunter Wilder Wein, der von den Füßen hochrankend den Elefanten schon bald zu einer schillernden Persönlichkeit macht. Nur die Augen müssen Sie Ihrem Ungetüm öfter einmal frei schneiden.
Wozu Sie sich auch entscheiden, von der Giraffe bis zur Tänzerin ist alles machbar. Und es muss auch nicht nur Efeu oder Wilder Wein sein, eine Rosentänzerin wirkt ebenfalls wunderschön.

1

2

1 Baustahlmatte eingeschnitten
2 der aufgestellte Körper auf Pfählen
3 Kopf und Ohren werden ausgeschnitten
4 der Kopf wird zurechtgebogen
5 der Kopf wird an der Frontseite geschlossen
6 Befestigung der Ohren
7 Rüssel und Schwanz werden angebracht
8 und so wird der fertige Elefant einmal aussehen

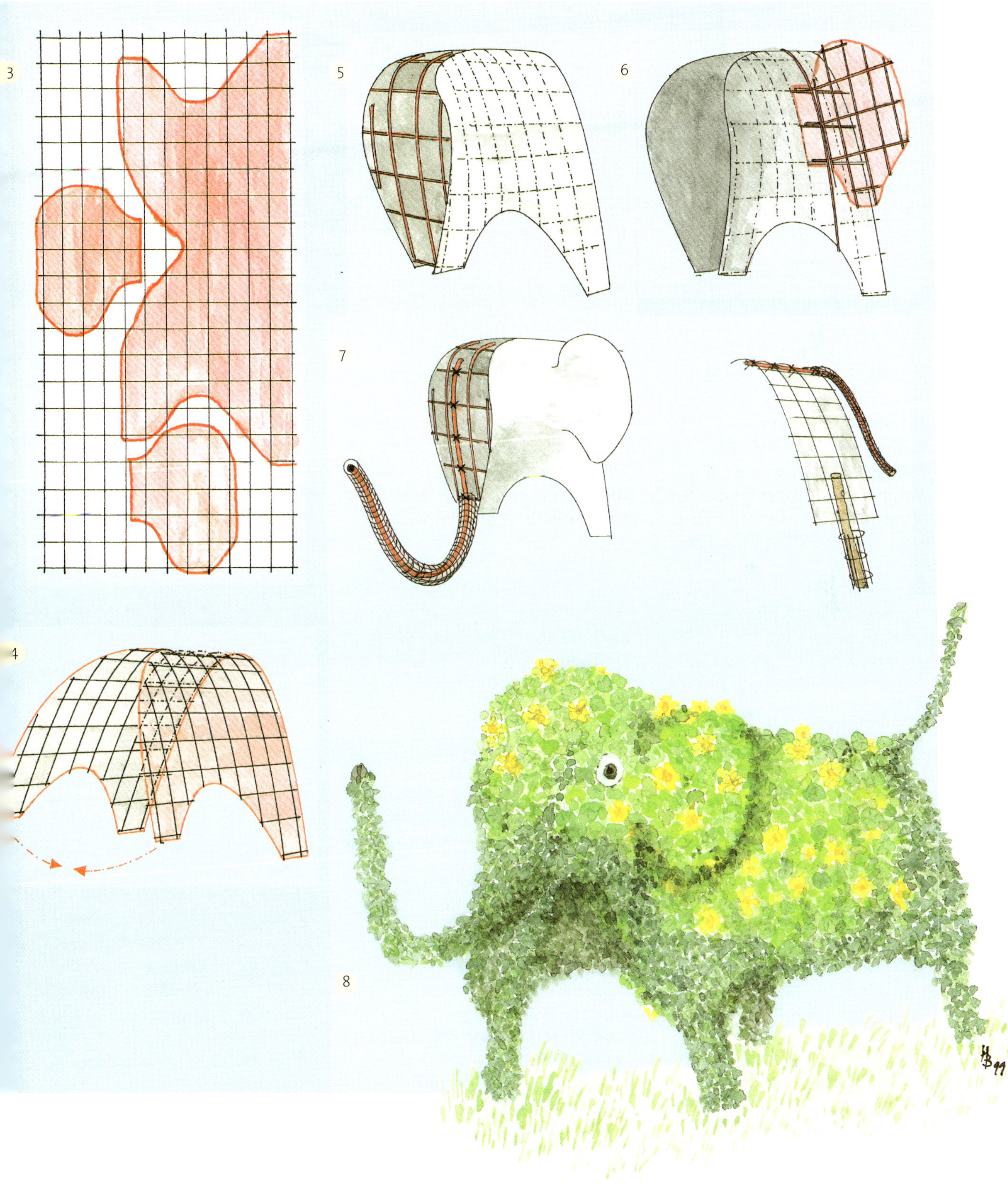
3
5
6
7
4
8

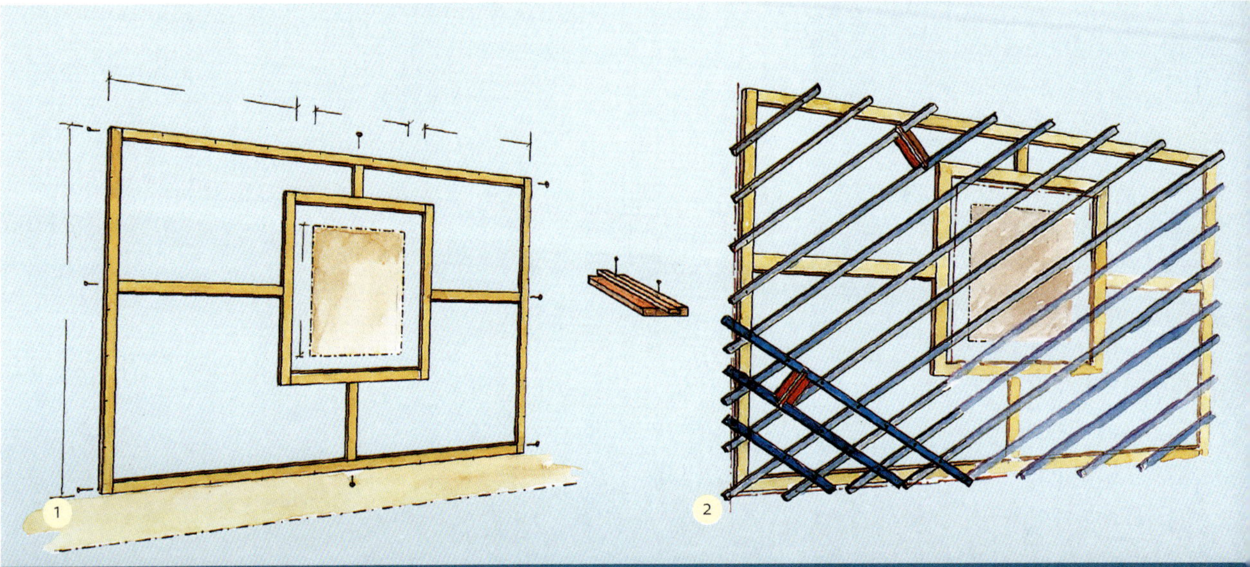

Das einfache Rankgerüst

Einfache Rankgerüste sind in der Regel aus gehobelten und imprägnierten Leisten gefertigt, die einen Querschnitt von etwa 13 x 27 Millimeter haben. Man erhält sie in Baumärkten je nach Größe für etwa 10,– bis 100,– DM in Rauten- oder Scherengitterbauweise. Billige Gitter sind genagelt, etwas höherwertigere geschraubt.
Geeignet sind derartige Gitter vor allem für einjährige und nicht zu schwere Kletterer. Für schwere, mehrjährige Kletterpflanzen ist ein solches Gitter nicht zu empfehlen, da die dünnen Leisten dem Gewicht und dem Winddruck nur begrenzte Zeit standhalten können.
Der Heimwerker sollte überlegen, ob er einen Eigenbau durchführt. Geht es lediglich um ein kleines, einzeln anzubringendes Gitter, lohnt der Aufwand nicht. Der Kauf eines handelsüblichen Gitters ist hier günstiger.
Soll ein Gitter jedoch individuell gestaltet und baulichen Gegebenheiten angepasst werden, ist der Eigenbau selbstverständlich. Bei der Auswahl der Gitterform darf man sein eigenes Können nicht überschätzen. Bei einem einfachen Gitter mit rechtwinklig zueinander stehenden Leisten treten nur geringe Probleme auf. Hier genügt die Festlegung der ersten Nagelpunkte durch exakte Messung. Mit Hilfe einiger genau zugesägter Abstandshölzer kann dann das Gitter schnell gefertigt werden.
Die Herstellung eines Scherengitters wird nicht so einfach sein, wenn die Leisten in einem Winkel zueinander stehen sollen, der kleiner oder größer als 90° sein soll. Spielt die individuelle Gestaltung – etwa in Form eines Fensterausschnittes – eine Rolle, empfehlen wir, vorher eine »Lehre« als Hilfsmittel anzufertigen. Ganz wichtig dabei ist die Einhaltung der genauen Maße. Ziehen Sie dabei gleich mindestens 30 Zentimeter Abstand der Gitterunterseite vom Boden ab und vergrößern Sie Fensterbreite und Fensterhöhe um mindestens 20 Zentimeter auf jeder Seite. Als Material für die Lehre kann man alte Dachlatten verwenden, die jedoch nicht verzogen sein sollten. Diese grob zusammengeschraubte Lehre wird nun auf eine ebene Fläche gelegt und dann kann die Arbeit beginnen.

So gehen wir vor:

1. Markieren der Leistenabstände auf den Außenkanten der Dachlattenlehre.
2. Probelegen der ersten Schicht, eventuell die Markierung korrigieren.
3. Diagonalleiste ausrichten und an der Lehre mit kleinen Nägeln befestigen.
4. Weiter Leisten nach außen zu mit Hilfe der Abstandslehre ausrichten und ebenfalls nageln.
5. Gegenlattung (zweite Lage) auf gleiche Weise durchführen, aber nun alle Kreuzungspunkte nageln oder verschrauben. Vorher Punkte auf der oberen Leiste ankreuzen und vorbohren.

3

4

1 Einfache, kleine Gitter lassen sich schnell zusammenbauen. Ist jedoch etwas Größeres gewünscht, fertigt man am besten eine Lehre an.
2 Erst wird alles fertig vernagelt oder verschraubt, dann wird sorgfältig gesägt.
3 Auf einen Mindestabstand von 3 cm (besser 5 cm) achten.
4 Nun kann gepflanzt werden.

Unten: Für zarte, einjährige Kletterpflanzen reicht diese Hilfe, den robusteren und dauerhaften Pflanzen ist sie jedoch nicht gewachsen. Um individuelle Lösungen zu realisieren, wird man zum Selbstbau gezwungen sein.

6. Mit einer Feinsäge werden die über den äußeren Rand hinausragenden Leisten abgesägt. Am Fensterausschnitt verfährt man ebenso (siehe rote Linie).
7. Nun das Gitter vorsichtig von der Dachlattenlehre ablösen; Heftnägel ausziehen oder abkneifen und Gitter aufstellen.
8. Haben Sie keine imprägnierten Leisten verwendet, muss nun mindestens dreifach lasiert werden.

Beim folgenden Anbringen des Rankgitters an der Mauer oder einer Hauswand werden erfahrungsgemäß viele Fehler gemacht. Beachten Sie: Der Mindestabstand der hinteren Leiste Ihres Gitters von der Wand sollte mindestens zweieinhalb bis drei Zentimeter betragen! Entsprechende Abstandshalter kann man sich aus Aluminium- oder Messingröhrchen selber zuschneiden. Seien Sie mit den Befestigungspunkten nicht so sparsam, und wählen Sie Schrauben aus, die nicht zu kurz sind und im Wanddübel genügend Halt finden. Noch einmal die Faustregel: Der untere Gitterabstand soll mindestens 30 Zentimeter über dem Erdboden liegen.

Die Bepflanzung

Ist nun alles fest und sicher, kann gepflanzt werden. Was hierbei im Einzelfall bei den. unterschiedlichen Pflanzen zu beachten ist, wurde bereits erwähnt. An dieser Stelle sollen einige technische Hinweise genügen:

1. Das Pflanzloch muss genügend groß, sein Untergrund gelockert sein.
2. Die Pflanze muss 40 bis 50 Zentimeter von der Wand entfernt in den Boden gesenkt werden.
3. Sie muss in einem Winkel von 45° zur Wand geneigt sein.
4. Ist kein Stab vorhanden, muss ein solcher als Rankhilfe in dem Winkel nach Punkt 3 an das Gitter gelegt werden. Daran sind die ersten Ranken mit einer Klammer zu befestigen.

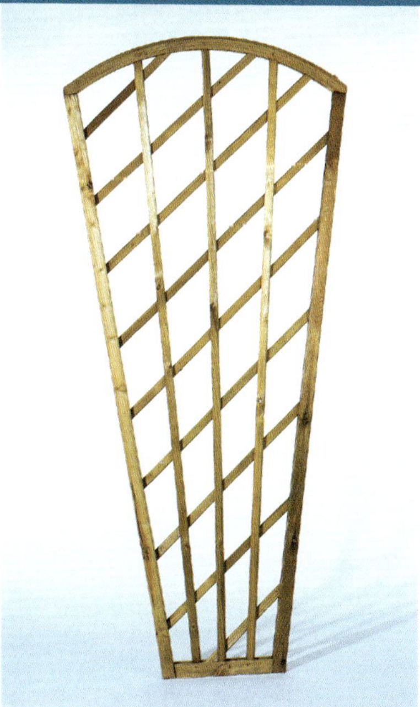

5. Rankt die Pflanze bereits um einen Stab, müssen die Ranken vorsichtig gelöst und so weit als möglich nach beiden Seiten gefächert am Gitter befestigt werden.
6. Achten Sie darauf, dass die Basis der Pflanze am Boden einige Blätter behält, und bedecken Sie die Pflanzstelle dicht mit Mulchmaterial.

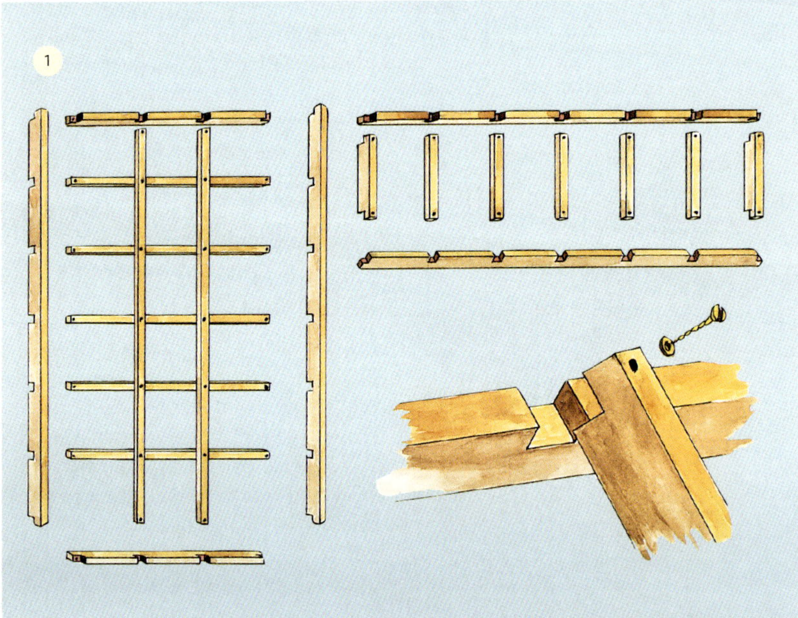

1 Die Skizze zeigt den Holzzuschnitt für ein Seitenteil und das schmale Mittelstück. Für das gezeigte Rankgitter wird das Seitenteil zweimal benötigt.

2 So soll es einmal aussehen. Achten Sie bei der Wandmontage auf genügenden Abstand. Er sollte mindestens 10 Zentimeter betragen.

Ein dauerhaftes Gerüst für Schwergewichte

Für eine Reihe von Kletterpflanzen, so auch Rosen, muss unser Klettergerüst schon ein wenig stabiler sein. Derartig große und schwere Konstruktionen fertigt man besser in mehreren Teilen an. In unserem Beispiel sind das zwei Seitenteile und die Verbindung über der Terrassentür.
Wir verwenden wieder kesseldruckimprägnierte Dachlatten, wie sie in den meisten Baumärkten zu haben sind. Ist das Aufmaß erfolgt, muss bei der Berechnung der zu beschaffenden laufenden Meter Dachlatten Folgendes berücksichtigt werden:

1. Der äußere Rahmen der drei Gitterteile besteht aus den Dachlatten mit einem Querschnitt von etwa 24 x 48 mm. Die benötigte Gesamtlänge ist also durch Höhen- und Breitenbestimmung der einzelnen Gitter vorgegeben.
2. Der Querschnitt der Leisten für das eigentliche Gitter im Inneren des Rahmens beträgt jedoch nur etwa 24 x 22 mm.

Rechts: Das fertige Rankgerüst sieht im Frühjahr noch ein wenig kahl aus. Links neben der Tür zeigt sich die Kletterrose 'Gloire de Dijon', rechts 'Abraham Darby'. Man erkennt auch die dicken Stämme der *Clematis montana rubens*.

Sie erhalten diese Leisten, indem Sie die normalen Latten auf einer Kreissäge in Längsrichtung schneiden.
Es genügt daher, die Längenermittlung nur für ein Seitenteil durchzuführen, da man durch die Teilung automatisch doppelte Längen erhält. Und dann beginnt der Zuschnitt!
Zunächst wird abgelängt. Am besten geschieht das mit der Gehrungssäge, wobei man stets die gegenüberliegenden Rahmen- oder Innenteile gemeinsam absägt. Ebenso geht man bei den Nuten des äußeren Rahmens vor. Bevor man hier jedoch mit dem Zusägen beginnt, muss sehr sorgfältig angezeichnet werden. Achten Sie auf gleichmäßige Tiefe Ihres Sägeschnittes und darauf, dass nach dem Herausstechen des Nutenhölzchens der Nutenboden mit einer Raspel möglichst eben geraspelt wird. Die quadratischen Innenleisten des Gitters muss man sehr genau ablängen, mehr ist nicht notwendig.
Nun wird der Rahmen an den Verschraubungspunkten vorgebohrt und zusammengeschraubt. Danach folgt das Einsetzen der Gitterlängsleisten. Sind sie verschraubt, wird der Rahmen umgedreht. Dann setzt man die Querleisten ein. Hat man diese am Außenrahmen und den langen Innenleisten verschraubt, ist das Rankgerüst fertig für die Wandbefestigung. Hierbei gelten die gleichen Bedingungen, wie wir sie schon von unserem einfachen Rankgerüst kennen. Wichtig ist jedoch, dass für unser schweres Gerüst und die stark wachsenden Kletterpflanzen ein Wandabstand eingehalten wird, der etwa zehn bis zwölf Zentimeter beträgt. Nur so können sich die Ranken richtig einhängen und es bleibt genügend Raum für eine Luftzirkulation an der Wand. Selbstverständlich werden aufgrund des größeren Gewichts und des vergrößerten Abstands kräftige Befestigungselemente benötigt. Kalkuliert man ein, dass die Wand hinter dem Rankgitter auch einmal einen neuen Farbanstrich braucht, sollte man die Wandbefestigung an der Unterseite mit einem Scharnier und oben mit einem entsprechend großen Türhaken versehen. So kann das Gerüst – zumindest soweit es die Rankpflanze erlaubt – bei Bedarf einfach von der Wand abgeklappt werden.
Für die Berankung selbst können Sie eine Mischbepflanzung vorsehen. *Clematis* und Rosen vertragen sich gut, und die Blütenpracht wechselt sich ab. Wenn die *Clematis* langsam verblüht, entfalten die Rosen ihre Pracht.

Das Rosentor

Die Konstruktion eines Rosentores ist für einen halbwegs geschickten Gartenliebhaber kein Problem. Da die Angebote der Baumärkte meist nicht den Abmessungen der eigenen Planung entsprechen, wird man sich also selber ans Werk machen. Benötigt werden:

1. Für die Stützen vier Kanthölzer mit 2,4 m Länge und dem Querschnitt 7 x 7 cm.
2. Für die waagerechten Tragbalken zwei Kanthölzer des gleichen Querschnitts. Die Länge richtet sich nach der Torbreite, sie sollten auf jeder Seite etwa 30 cm länger sein als die äußere Torbreite.
3. Je nach Torbreite etwa vier bis fünf Querhölzer für die Dachkonstruktion des Tores. Für die Länge gilt auch hier: auf jeder Seite 20 cm mehr als die Torbreite. Aus optischen Gründen empfiehlt sich ein Querschnitt von 6 x 9 cm.
4. Für das seitliche Gitter verwenden wir wieder längsgeteilte Dachlatten mit dem Querschnitt von etwa 24 x 24 cm.

Die Skizze zeigt die Konstruktion. Die Abmessungen sind dabei individuell verschieden. Beim Kauf des Materials muss auch hier wieder Wert auf Kesseldruckimprägnierung gelegt werden. Beim Bau beginnt man mit den beiden Torelementen. Dann erhalten die Pfosten ihre Eisenanker. Beide Torseiten werden aufgerichtet und die Dachträger aufgebracht und verschraubt. Nach dem Ausrichten (mit Hilfe einer Wasserwaage) werden die Anker einbetoniert. Erst jetzt erfolgt die Konstruktion der Gitter. Unberankt sieht unser Bogen noch ein wenig trostlos aus. Doch schon ein wenig Grün und einige Blüten reichen, um zu ahnen, wie attraktiv er einmal sein wird.

Das Konstruktionsbeispiel ist bewusst einfach gehalten und soll Anreiz geben zu einer eigenen Konstruktion nach Ihrem persönlichen Geschmack.

Oben: Diese erwachsene und voll erblühte Rose lässt kaum noch einen Blick auf das sicherlich sehr vornehme Rosentor zu.

Die besondere Pergola

Der Bau einer einfachen Pergola ist ebenso leicht wie die Konstruktion des Rosentores. Dabei kann man beim Bau der Säulen wieder auf Holz, Stahl, Beton oder Ziegelmauerwerk zurückgreifen. Auch einfache Rundhölzer können sehr wirkungsvoll sein. Eine ganz eigene, individuelle Note bekommt Ihre Pergola, wenn Sie als Säulen unsere bereits dargestellten Pfeiler verwenden. Ihre Pergola über der Terrasse erhält so einen besonderen Reiz. Den Wandelgang im Garten, der von Kletterhortensie, Knöterich, Glyzine oder anderen Schwergewichten dicht berankt werden soll, müssen Sie allerdings ein wenig stabiler gestalten. Hier sind beispielsweise aus schönen Ziegeln gemauerte Säulen zu empfehlen, die untereinander mit stabilen Holzträgern verbunden sind.

Oben: Eine Rosenpergola sollte großzügig angelegt sein. Zu empfehlen wäre eine Mischbepflanzung aus öfterblühenden Rosen und starkwüchsigen Ramblern, die vor allem die Querbalken erobern sollen.

Links: Aus einfachen Rundhölzern und halbrunden Streben zusammengeschraubt erfüllt dieses rustikale Rosentor sicherlich seinen Zweck. In zwei bis drei Jahren wird es vollständig überwachsen sein und zur Blütezeit einen überwältigen Anblick bieten.

Rechts: Stein und Stahl sind die Gestaltungsmerkmale dieser ein wenig streng wirkenden Pergola.

Links: Gewaltig, ein wenig düster und doch wunderschön ist dieser Pavillon aus kräftigen Hölzern mitten im Blickpunkt der Gartenanlage. Seine Konstruktion ist durchaus nicht schwierig.

Unten: Ein einfaches kleines Rosentor, dazwischen eine Bank, und schon hat man einen hübschen kleinen Sitzplatz, der zum Verweilen einlädt.

Sitzplätze und Lauben

Ein berankter, schattiger Sitzplatz im Garten kann – richtig platziert – ein romantischer Ort werden. Sein Bau gleicht dem des Rosentores, wenngleich Breite und Tiefe ruhig ein wenig größer sein dürfen.

Bei einer Laube gehört schon ein wenig mehr dazu, und die Auswahl unter den verschiedenen Möglichkeiten fällt schwer. Wie man sich einen kleinen Pavillon aus Kanthölzern bauen kann, zeigt die Abbildung. Natürlich kann das nur eine Prinzipdarstellung sein, denn die Größe ist für jeden Garten wohl individuell verschieden. Damit Sie wissen, wo man anfangen muss, haben wir die einzelnen Arbeitsgänge beziffert.

Bei der Frage des Fundamentes haben wir uns für Punktfundamente unter den Stützen entschieden und für den Boden im Inneren der Laube an feinen Schotter gedacht. Mit ein wenig Mehraufwand kann man einen Holzfußboden einbringen und mit sehr viel mehr Aufwand die gesamte Laube oder den Pavillon auf eine feste, geflieste Betonplatte stellen.

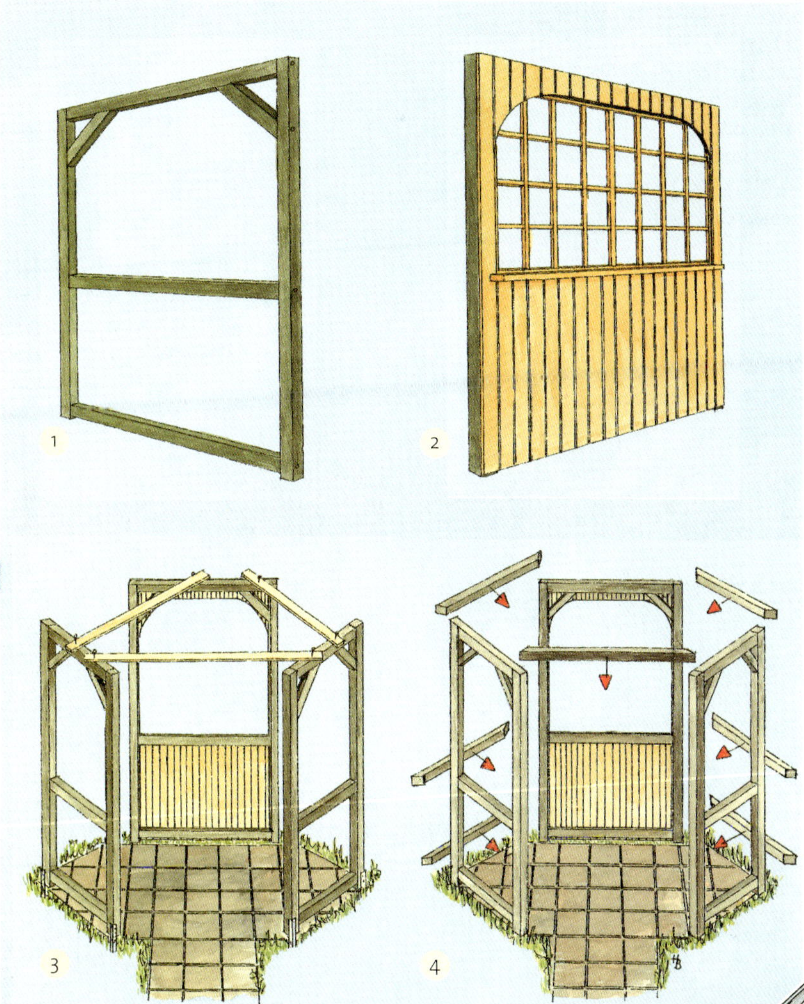

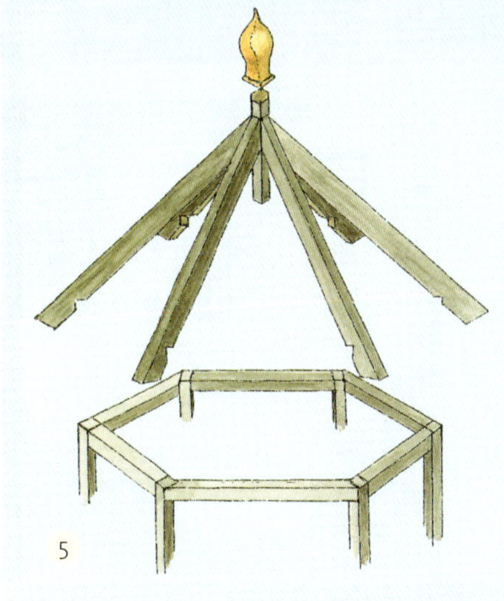

1 Das Gerüst aus Vierkanthölzern wird dreifach benötigt.
2 Die Bretterverkleidung kann auch nach der Aufstellung vorgenommen werden.
3 Die drei vorgefertigten Seitenteile werden aufgestellt und in die Waage gebracht.
4 Dann werden die Verbindungsträger zugesägt, eingepasst und verschraubt. Das Türteil erhält nur einen oben zu verschraubenden Verbindungsträger.
5 Die Dachsparren enden oben an einem kurzen Sechskantholz. Unten können sie auch mit Winkeleisen befestigt werden.

Oben: Verschwenderische Blütenwolken umspielen diesen Rosenbogen und laden zum Betreten des Gartens ein.

Rechts: So ein hübsches Blumengesicht strahlt Ihnen aus der Fülle der Blätter und Blüten der Kapuzinerkresse entgegen.

Die schönsten Pflanzen im Porträt

Bewährtes und Neues für unsere Gärten

Rechts: Wie Ballerinen in rosa Röckchen tanzen die Blüten der *Clematis macropetala* - Hybriden zwischen den Gitterstangen des alten Zaunes.

Unüberschaubar ist die Zahl der Kletterpflanzenarten. Würde man allein bei den auf den folgenden Seiten vorgestellten Gattungen alle Arten und Sorten dazurechnen, kämen wir auf die stolze Zahl von 4265 Pflanzen.

Viele der Pflanzen gehören ins Freiland, andere hält man am besten in Kübeln oder Töpfen und lässt sie im Gewächshaus überwintern. Ausschlaggebend sind immer die örtlichen klimatischen Gegebenheiten.

Rechts: Hier hat Efeu (*Hedera helix* 'Goldheart') einen Giebel erobert, den er ziert und schützt.

Selbstklimmer

Von oben nach unten:
Efeu (*Hedera helix*)

Efeu (*Hedera colchica*) 'Aureoviegata'

Hedera spec.

Efeu

Araliengewächs.
Efeu ist das Universalgenie unter den Kletterpflanzen.
Wuchstyp: Er ist ein Wurzelklimmer.
Höhe: Je nach Sorte wird der Efeu bis zu 20 Meter hoch.
Blüte/Frucht: Nur in der Altersform blüht der Efeu im Herbst mit unscheinbaren, kleinen grünen Blüten. Im Winter reifen kleine schwarze Beeren, die von den Vögeln gerne gefressen werden, für den Menschen aber sehr giftig sind.
Boden: Alle Efeuarten lieben frischen, humosen und nährstoffreichen Boden.
Schädlinge: Blattläuse, Spinnmilben und Schildläuse befallen den Efeu gern.
Pflege: Für genügend Feuchtigkeit sorgen und regelmäßig die Triebspitzen beschneiden, damit er nicht in die Altersform fällt. Die Vermehrung durch Stecklinge und bewurzelte Stiele gelingt leicht, auch bei der strauchigen Altersform, die dann allerdings nicht mehr klettert, sondern strauchig bleibt.
Besonderes: Efeu kann auch sehr gut beschnitten und zu besonderen Formen gezogen werden. Als schattenverträglicher Bodendecker ist er auch ein sehr guter Rasenersatz.
Weitere Arten: Sehr schön ist die besonders frostharte Varietät 'Goldheart' mit gelber Mitte. Die Sorte 'Atropurpurea' hat violette Stiele und färbt ihre Blätter im Winter von Grün zu Violettrot. 'Ivalace' hat fünflappige Blätter, 'Silver Queen' dreieckige, flach gelappte, graugrüne Blätter. Im Winter verfärbt sich die cremefarbige Zeichnung rosa. *Hedera colchica* aus dem Kaukasus hat große gelappte Blätter und ist sehr frosthart. Er liebt besonders feuchten, aber dennoch durchlässigen Boden und wird »nur« etwa acht Meter hoch. *Hedera hibernica* aus Irland ist stark wuchernd und hat flach gelappte, dreieckige Blätter.

Wussten Sie ...

... dass es in Deutschland eine eigene Efeugesellschaft und spezielle Efeugärtnereien gibt.
... dass es inzwischen etwa 100 Neuzüchtungen gibt.
... dass der größte Teil dieser Neuzüchtungen winterhart ist.
... dass diese sich in Töpfen, Blumenkästen, Schalen, Kübeln und natürlich, ihrer Winterhärte entsprechend, im Freien kultivieren und für alle Zwecke einsetzen lassen.
... dass Efeu die dankbarste aller Kletterpflanzen ist.

Oben: Jungfernrebe (*Parthenocissus tricuspidata*), Wilder Wein, in beginnender Herbstfärbung.

Links: Efeu (*Hedera helix arborescens*) in seiner Altersform mit Blüten.

Rechts: *Parthenocissus quinquefolia*, der über Zaun und Schuppen rankt.

Parthenocissus spec.

Jungfernrebe

Wilder Wein.

Wuchstyp: Wilder Wein ist ein Haftscheibenkletterer.

Höhe: Je nach Sorte kann er Höhen von 10 bis über 15 Meter erreichen.

Blüte/Frucht: Bei *P. quinquefolia* werden im Juni und Juli weißliche Blüten, bei *P. tricuspidata* grüngelbe Blüten hervorgebracht.

Ab September erscheinen blauschwarze Früchte und die Blätter färben sich flammend rot.

Boden: Die robuste Pflanze liebt tiefgründigen, frischen und feuchten Boden. Sie ist rauchhart und gedeiht deshalb auch im ungünstigsten Stadtklima.

Pflege: Jungpflanzen leitet man zunächst an Kletterhilfen auf, da ihre Haftorgane noch sehr schwach sind. Geschnitten wird nur, wenn es notwendig wird. *P. quinquefolia* lässt sich durch Stecklinge vermehren, alle anderen Arten kauft man besser in veredelter Form.

Weitere Sorten: Von *P. tricuspidata* sind die Sorten 'Robusta' und 'Boskoop' zu empfehlen.

Links: Die gewaltige Wuchskraft der Kletterhortensie ist deutlich zu erkennen, hier an einer Hauswand in voller Blüte.

Hydrangea petiolaris

Kletterhortensie

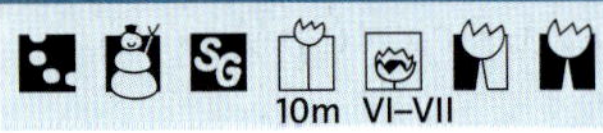

> ### Wusstne Sie ...

Für die Berankung von Wänden, Mauern, alten Bäumen oder frei wachsend an Gehölzrändern ist diese Pflanze hervorragend geeignet.

Wuchstyp: Sie ist ein Wurzelkletterer.

Höhe: In der Regel erreicht sie Höhen von fünf bis zehn Meter.

Blüte/Frucht: Die Pflanze mit ihren herzförmigen, leicht glänzenden Blättern und den zimtfarbenen Trieben bringt von Juni bis Juli weiße, schirmartig ausgebildete und zart duftende Blütenstände hervor.

Boden: Die Kletterhortensie mag guten, humosen, leicht sauren Boden, gedeiht aber auch in kalkhaltigem Substrat. Da sie nur bedingt rauchhart ist, sollte man in den Innenstädten auf sie verzichten.

Pflege: Die Pflanze wächst zögernd an und erfordert am Anfang das Aufleiten ihrer Triebe. An glatten Wänden sind Spanndrähte zu empfehlen. Bei längerer Trockenheit muss gewässert werden. Geschnitten werden nur die überalterten Triebe.

Schädlinge: Blattläuse, Spinnmilben und Dickmaulrüssler sind häufig anzutreffen, außerdem treten oft eine Virose und Mehltaubefall auf.

Oben: Der Spindelstrauch ist anspruchslos und ausgesprochen robust.

Euonymus fortunei
Spindelstrauch

–5m V–VI

Die Pflanze ist für die Berankung von Mauern und Wänden speziell an Nordseiten sehr gut geeignet, die Kriechspindel gilt als hervorragender Bodendecker.
Wuchstyp: Sie ist ein Wurzelklimmer.
Höhe: Alle Sorten werden etwa drei Meter hoch.
Blüte: Von Mai bis Juni bringt sie unscheinbar grüngelbe Blüten hervor, ziert sich aber ab August bis September mit hübschen gelben, weißen oder roten Früchten.
Boden: Gedeiht auf jedem Gartenboden und ist absolut rauchhart, also auch in städtischen Räumen verwendbar.
Pflege: Die anspruchslose Pflanze wächst sehr langsam, ein Schnitt sollte möglichst vermieden werden. Gegen den Befall von Blattläusen, Spinnmilben und Echten Mehltau muss gespritzt werden.
Weitere Sorten: 'Colorata', 'Esmerald's Gold' und 'Gracilis'.

Rechts: Die Trompetenblume ist ein ausgesprochen dekorativer Kletterer

Campsis spec.
Trompetenblume

10m VIII–X

An Hauswänden oder Mauern, an Terrassen oder besonders exponierten Standorten macht sich die Pflanze hervorragend.
Wuchstyp: Sie ist ein Wurzelklimmer.
Höhe: *C. tagliabuana* erreicht etwa sechs Meter, *C. radicans* sogar bis zu zehn Meter Höhe.
Blüte/Frucht: Die orangenen, scharlachroten oder gelben Blüten erscheinen von Juli bis September.
Boden: Die Pflanze liebt tiefgründigen, nährstoffreichen Gartenboden und erwartet jährliche Kompostgaben.
Pflege: Nach der Pflanzung muss die Pflanze über Rankhilfen zur Mauer geführt werden. Bei Trockenheit braucht sie genügend Feuchtigkeit, ist also gleichmäßig zu wässern. Man schneidet nur abgeblühte Triebe. Die Vermehrung erfolgt durch Stecklinge oder Absenker.
Weitere Sorten: Von *C. radicans* die Sorten 'Flamenco' und 'Flava', von *C. tagliabuana* die Sorte 'Mme Galen'.

Wussten Sie ...

- ... dass es von der aus USA und China stammenden Gattung *Campsis* lediglich zwei Arten gibt.
- ... dass es allerdings bereits einige Neuzüchtungen gibt.
- ... dass diese wunderschöne Pflanze im Südosten der USA als Unkraut angesehen wird.
- ... dass sie in windreichen Gegenden starke Stützen braucht, weil ihre schwächlichen Haftwurzeln dem Sog des Windes nicht standhalten können.

Schlinger

Schisandra spec.

Beerentraube

–7m V–VI

Die Familie der Schisandraceae umfasst 25 Arten, von denen eine in Nordamerika, 24 im Osten und Südosten Asiens beheimatet sind. Von den immergrünen und sommergrünen Arten werden in unseren Breiten lediglich einige sommergrüne Sorten kultiviert, die vollsonnige Standorte vertragen, an leicht schattierten Stellen jedoch besser gedeihen. Sie eignen sich ausgezeichnet zur Begrünung von Mauern, Pergolen und Lauben, benötigen dazu jedoch starke und stabile Kletterhilfen.

Wuchstyp: *Schisandra* gehört zur Gruppe der Schlinger, die bei geeigneten Bodenverhältnissen stark wächst. Die Wuchsform ist dabei von Art zu Art verschieden.

Höhe: Stimmen klimatische Bedingungen und Bodenverhältnisse, erreicht die Pflanze Höhen von vier bis sieben Metern. Sie lässt sich auch recht gut in die Breite ziehen.

Blüte/Frucht: Die mittelgrünen, einfachen Blätter stehen wechselseitig an den Trieben, aus den Achseln an der Basis der jungen Triebe bringt die Pflanze im Mai bis Juni zweihäusige Blüten in Einzelstellung oder dünnen Dolden hervor. Ihre Blütenhülle besteht aus sieben bis zwölf gleich geformten und gleich gefärbten Kelch- und Kronenblättern in Rot, Gelb und Weiß. Die im Herbst erscheinenden bis zehn Zentimeter langen Fruchtähren sind Scheinfrüchte.

Boden: *Schisandra* liebt nährstoffreiche, gut gepflegte Gartenerde, gleichmäßige Feuchte, aber verträgt keine stauende Nässe.

Pflege: *Schisandra* wird ausgesät oder durch Stecklinge vermehrt. Der Boden muss vorher tiefgründig gelockert und mit Nährstoffen entsprechend angereichert werden. Der Standort sollte geschützt sein, in kühlen Gegenden ist Winterschutz angebracht.

Weitere Arten: Die am häufigsten gepflanzte Art ist *Schisandra chinensis*. Ihre braunen, etwas grob wirkenden Triebe erreichen bis zu sieben Meter Höhe. Die dunkelgrün glänzenden, breiten, elliptisch geformten Blätter können bis zehn Zentimeter lang werden. Von Mai bis Juni erscheinen duftende, weiß bis blassrosa leuchtende Blüten von ein bis zwei Zentimeter Durchmesser. Die scharlachroten, bis zwölf Zentimeter langen Fruchtähren erscheinen im Herbst an den weiblichen Pflanzen.

Die schönste Art ihrer Gattung ist zweifellos *Schisandra rubriflora*. Sie ist zwar nicht so hart wie die übrigen Arten und windet sich mit ihren dünnen, rötlichen Trieben allenfalls auf fünf Meter Höhe, doch sind ihre bis zu zwölf Zentimeter langen, umgekehrt lanzettartig angeordneten Blätter eine wahre Augenweide.

Blüten erscheinen von April bis Mai. Sie hängen an roten Stielen, sind dunkelkarminrot und haben einen Durchmesser von etwa drei Zentimetern. Ihre Früchte sind etwa erbsengroß, kugelig und knallrot.

In milden Gegenden gedeiht die Pflanze prächtig. In kühleren oder höher gelegenen Gebieten braucht sie einen gut geschützten Standort und auf jeden Fall Winterschutz.

Links: Viel zu selten sieht man die Beerentraube mit ihren eleganten Blättern und den hübschen kleinen Blüten in unseren Gärten.

Rechts: Die vielfach auch als Seidenwein bezeichnete Baumschlinge besticht durch ihr dunkelgrünes, lanzettförmiges Laub ebenso, wie durch die unendliche Zahl ihrer bizarren, violetten Blüten.

Periploca spec.

Baumschlinge

–10m VI–VII

Die etwa 15 Arten dieser Gattung gehören zur Familie der Schwalbenwurzgewächse, die manchmal kletternd, sommergrün oder immergrün in Asien, Südeuropa oder Westafrika verbreitet sind. Die Baumschlinge bevorzugt sonnige Lagen und windgeschützte Standorte, ist allerdings auch mit leicht schattigen Plätzen zufrieden. An hohen Zäunen, Palisaden, Mauern, Lauben und Pergolen macht die Pflanze eine hervorragende Figur.

Wuchstyp: Die Baumschlinge ist ein ausgesprochen stark und fest windender Schlinger, von – je nach Art – mittlerer bis starker Wüchsigkeit. Kultiviert sind bei unseren klimatischen Bedingungen nur sommergrüne Arten.

Höhe: Je nach Art erreicht er vier bis zehn Meter Höhe, doch kann sie unter idealen Lebensbedingungen auch 15 Meter erreichen.

Blüte/Frucht: Blätter und Triebe der Pflanze sind unangenehm klebrig. Die einfachen, glattrandigen Blätter führen einen giftigen, milchartigen Saft. Die wenigen, zwittrigen Blüten wachsen in dünnen Trugdolden aus den Blattachseln hervor. Die fünfzackigen, innen braun bis violett, außen grünlich gefärbten Sterne besitzen eine Nebenkrone mit ebenfalls fünf langen, beinahe fadenförmigen und am Ende gekräuselten Zipfeln. Sie erscheinen im Juni und Juli. Im Herbst folgen eigenartig walzenförmige Früchte, die paarweise, mittig miteinander verbunden sind und bis zu 16 Zentimeter lang werden können.

Boden: Die Baumschlinge benötigt einen gleichmäßig feuchten, aber durchlässigen Boden mit ausreichendem Nährstoffgehalt.

Pflege: Die Vermehrung erfolgt durch Aussaat im Frühjahr oder durch Stecklinge im Sommer. Die Pflanze braucht stabile Kletterhilfen. Noch vor dem ersten Frost sollte für ausreichenden Winterschutz gesorgt werden, dennoch frieren empfindlichere Sorten in Mitteleuropa oft bis zum Boden zurück. Die Baumschlinge treibt jedoch neu aus und blüht noch im gleichen Jahr.

Weitere Arten: Die Orientalische Baumschlinge (*Periploca graeca*) windet sich mit starken Sprossen bis zu 15 Meter hoch. Die dunkelgrünen Blätter behalten bis in den Spätherbst Farbe und Form. Von Juli bis August stehen die innen violettbraunen, außen gelblich-grünen Blüten etwa in Zwölfergruppen an lockeren, langstieligen Dolden. Die Nebenkrone ist nur wenig länger, grünlich, lang bewimpert und etwa drei Zentimeter breit.

Die Chinesische Baumschlinge (*Periploca sepium*) klettert mit ihren zarteren Trieben allenfalls auf etwa neun Meter Höhe. Die etwa zwei zentimeter breiten, lanzettenförmigen Blätter werden bis zu zehn Zentimeter lang und verfärben sich im Herbst gelb, bevor sie abfallen. Die Kronblätter der deutlich kleineren Blüten sind kürzer und an den Spitzen zurückgebogen, länger und dunkler als die eigentliche Krone ist die Nebenkrone. Wesentlich empfindlicher als die übrigen Arten ist diese aus Nordchina stammende Art, wirklich geschützte Standorte und Winterschutz sind deshalb unbedingt notwendig.

Links: Japanhopfen an Bambusstangen im Pflanzkübel gezogen.

Unten: Die Feuerbohne – dekorativ und nützlich in einem.

Humulus japonicus

Japanhopfen

5–6m

Hanfgewächs.
Japanhopfen ist etwas für Mauern, Pfeiler und Zäune, die in voller Sonne liegen.
Wuchstyp: Die Pflanze gehört zu den Schlingern und ist einhäusig.
Höhe: Fünf bis sechs Meter Höhe werden erreicht.
Blüte/Frucht: Die etwa zum Juli erscheinende Blüte ist unscheinbar grün, doch bleiben die Blätter bis zum ersten Frost hellgrün.
Boden: Die Pflanze liebt feuchten, humosen bis lehmigen Boden und braucht jährliche Nährstoffgaben.
Pflege: Am besten kauft man vorgezogene Pflanzen im Fachhandel.
Weitere Sorten: *Humulus japonicus* 'Variegatum' mit hübschen weißbunten Blättern und starkem Wuchs.

Wusssten Sie ...

...dass es über 200 Bohnenarten gibt, die vorwiegend vom amerikanischen Kontinent stammen,
...dass unsere Stangenbohne *P. vulgaris* mit Überraschungen aufwartet, wenn man z. B. einige für Chili con Carne gekaufte Bohnen unter Glas aussät und später auspflanzt,
...dass *P. caracalla* deshalb Schneckenbohne genannt wird, weil ihre gelben und purpurrosa Blüten wie Schneckenhäuschen geformt sind und
...dass diese Art von Juli bis in den Oktober hinein unablässig blüht und duftet.

Phaseolus coccineus

Feuerbohne

3,5m VII–IX

An Zäunen oder aufgestellten hohen Stangen bietet die Feuerbohne guten Windschutz.
Wuchstyp: Sie gehört zu den Schlingern.
Höhe: Die Wuchshöhe liegt zwischen dreieinhalb und sechs Metern.
Blüte/Frucht: Die im Juli erscheinenden Blüten sind rot, bei der Sorte 'Bicolor' weiß und rot.
Boden: Benötigt wird ein guter, humoser Gartenboden, der bei der Aussaat mit abgelagerter Komposterde verbessert werden muß.
Pflege: Es muss reichlich gewässert und mäßig gedüngt werden. Die Wurzelstöcke kommen wie Dahlienknollen vor dem ersten Frost gut gesäubert in den dunklen Keller.

Quamoclit spec.
Sternwinde

VII–IX

Die aus den tropischen Bereichen Amerikas und Indiens stammende Pflanze ist verwandt mit der über 300 Arten zählenden Familie der *Ipomoea*.
Man verwendet die in unseren Breiten einjährige Pflanze zur Berankung von Zäunen, Spalieren und Pergolen, kann sie jedoch auch in Kästen oder Kübeln kultivieren. Der Standort muß sonnig sein.
Wuchstyp: Die Sternwinde ist ein stark wachsender, auffälliger Schlinger, der auch gut in die Breite gezogen werden kann.
Höhe: Je nach Art erreicht die Pflanze Höhen von dreieinhalb bis sechs Metern.
Blüte/Frucht: Die Blätter sind kräftig grün und je nach Art dreilappig, herzförmig oder gefiedert. In der Zeit von Juli bis September bringen die Arten *Q. coccinea* scharlachrote, *Q. hederifolia* ockergelbe, *Q. lobata* (auch Ipomoea lobata) gelblichweiße, bis 40 Zentimeter lange und *Q. vulgaris* karminrote, auffallende Blüten hervor.
Boden: Die Pflanze braucht nährstoffreichen, sandigen bis humosen Boden.
Pflege: Im März unter Glas ausgesät, werden die jungen Pflänzchen abgehärtet und nach den Eisheiligen ausgepflanzt. Man hält sie zu Beginn gleichmäßig feucht, kann sie jedoch bald sich selbst überlassen.

Ganz oben: Die wohlgeformten, sattgrünen Blätter der Sternwinde sind eine Zierde, die interessanten Blüten wirken exotisch.

Oben: Prunkwinde am Zaungitter rankend.

Rechts: Die prächtige Blüte aus der Nähe betrachtet.

Wussten Sie ...

- ...dass die Blüte von *Quamoclit lobata* hervorragende Schnittblumen abgeben,
- ...dass sie bis zu 40 Zentimeter lange Blütenstände hervorbringt,
- ...dass ihre roten Knospen im Aufblühen gelb und aufgeblüht weiß werden und
- ...dass die von Herrn Sloter aus *Q. coccinea* und *Q. vulgaris* gezüchtete *Q. multifidea* auch als *Q. sloteri* angeboten wird?

Ipomoea tricolor
Prunkwinde

3m VI–IX

Auch Trichterwinde.
Die einjährige, ausgesprochen zugempfindliche Pflanze eignet sich gut zur Begrünung von hohen Maschendrahtzäunen, Pfeilern und Trennwänden.
Wuchstyp: Die Pflanze ist ein sehr blühfreudiger Schlinger.
Höhe: Sie erreicht gut drei Meter.
Blüte/Frucht: Die blauen, weißen oder roten, bis zu sieben Zentimeter langen Blüten mit ca. zehn Zentimeter Durchmesser halten nur einen Tag in der Zeit von Juli bis September.
Boden: *Ipomoea* benötigt guten Gartenboden, der die Feuchtigkeit halten kann.
Pflege: Vor allem bei sandigen Böden muß reichlich gegossen werden. Die Vermehrung erfolgt durch Aussaat ins Freie bei zehn Zentimeter Abstand.
Weitere Arten: Zu empfehlen sind die Arten *I. purpurea*, *I. cerulea grandiflora*, *I. imperalis*, die man auch als Japanische Kaiserwinde kennt.

Links: Die Purpurglocke oder der Rosenkelch, dessen wunderschöne röhrenförmige Blüte zunächst blutrot erscheint und beim Öffnen zu Violett wechselt.

Rhodochiton atrosanguineus

Purpurglocke oder Rosenkelch

3m VI–X

Zäune und Drahtgestelle, Kübel und Töpfe im Halbschatten bis zu voller Sonne sind die besten Standorte für diese Pflanze.
Wuchstyp: Der nicht winterharte Dauerblüher gehört ebenfalls zu den Schlingern.
Höhe: Je nach Qualität des Standortes kann er bis zu drei Meter hoch werden.
Blüte/Frucht: Bei richtiger Überwinterung im Wintergarten bringt die Pflanze ganzjährig blutrote, bis zu fünf Zentimeter lange, röhrenförmige Blüten.
Boden: Besonders gut eignet sich ein nährstoffreicher, guter, humoser Gartenboden.
Pflege: Am besten kauft man die Pflanze. Geschnitten werden sollte nur bei Bedarf. Bei der Haltung in Töpfen und Kübeln sollte man unbedingt die Pflegehinweise beachten.

Unten: Ein wenig bizarr wirken die eigenartig geformten Blüten und Blütenstände des Sternjasmins.

Trachelospermum jasminoides

Sternjasmin

Der Sternjasmin ist eine attraktive, immergrüne Pflanze mit weißen Sternblüten. Er stammt aus Ost- und Südostasien, eine Art aus Nordamerika.
Wuchstyp: Er ist eine Kletterwinde, die eine Stütze braucht.
Höhe: Je nach Art fünf bis sechs Meter.
Blüte/Frucht: Weiße, leicht nach Jasmin duftende Blüten erscheinen im Sommer.
Boden: Die Pflanzen brauchen fruchtbaren, durchlässigen Boden.
Schädlinge: Im Winterquartier und im Glashaus wird er stark von der Weißen Fliege befallen.
Pflegen: Für regelmäßige Feuchtigkeit sorgen und von Zeit zu Zeit anheften. Der Sternjasmin kann im Winter leicht gestutzt werden. Bei Verletzungen sondert er Milchsaft ab. Vermehrt wird die Pflanze durch Samen im Frühjahr oder durch Ableger im Sommer bzw. Stecklinge im Herbst.
Besonderes: Sternjasmin verträgt keine allzu tiefen Temperaturen und braucht Winterschutz, vor allem, wenn er als Bodendecker ins Freie gepflanzt wird.
Weitere Arten: Es gibt ca. 20 immergrüne Arten. Am bekanntesten neben der o. g. Art ist *Trachelospermum asiaticum* aus Japan und Korea, der mindestens sechs Meter hoch und breit wird.

Unten: Die Blüten der Schwarzäugigen Susanne leuchten wie die Sonne über dem attraktiven satten Grün der Blätter.

Thunbergia alata

Schwarzäugige Susanne

–2m

Thunbergia alata, bei uns als Schwarzäugige Susanne bekannt, hat dunkelgrüne, herzförmige Blätter und stammt aus den Tropen Afrikas.

Wuchstyp: Sie ist eine Kletterwinde, die aber auch als Hängepflanze eingesetzt werden kann.

Höhe: *Thunbergia alata* wird schnell drei Meter hoch.

Blüte: Die Blüten von *Thunbergia alata* sind etwa fünf Zentimeter groß, auffallend gelborange mit schwarzem Schlund und erscheinen den ganzen Sommer.

Boden: Die Schwarzäugige Susanne braucht gute, humose Gartenerde.

Schädlinge: Blattläuse, vor allem im Winterquartier.

Pflege: Regelmäßig kräftig gießen! Vermehrt wird die Pflanze durch Aussaat im Februar unter Glas. Die Keimtemperatur beträgt mindestens 19 °C. Man kann aber auch durch Stecklinge und Absenker während des Sommers vermehren.

Weitere Arten: *Thunbergia battiscombei* mit trompetenförmigen, rotvioletten Blüten mit gelbem Schlund. *Thunbergia grandiflora* mit herabhängenden Büscheln strahlend blauer, röhrenförmiger Blüten. *Thunbergia mysorensis* besitzt Blütentrauben aus rotbraunen und gelben, trichterförmigen, von Frühjahr bis Herbst leuchtenden Blüten.

Besonderes: *Thunbergia alata* ist eine frostempfindliche Pflanze, die erst im Mai nach den Eisheiligen ins Freie gestellt werden kann, und auch danach sollte man ihr einen möglichst geschützten Platz geben. Im Hochsommer steht sie lieber halbschattig, die übrigen Monate auch in der vollen Sonne. Im Winter braucht sie einen hellen Platz, der nicht kälter als 12 °C werden darf. Im Frühjahr sind die Pflanzen kräftig zurückzuschneiden.

Wussten Sie ...

- ... dass die Gattung *Thunbergia* etwa 100 Arten von Sträuchern und Kletterpflanzen umfasst.
- ... dass *Thunbergia grandiflora* bis 25 Zentimeter lange Blätter hat.
- ... dass von *T. alata* die weiß blühende 'Alba', die reinweiße 'Bakeri', die gelbe 'Lutea', die großblütige, orangefarbene 'Julietta' und 'Aurantiaca' mit schwarzer Mitte in orangefarbener Blüte als Züchtung angeboten werden.

Unten: Die kleine, hübsche weiße Blüte der Wattakakaschlinge mit den violetten Pünktchen in ihrem Inneren bildet einen herbstlichen Kontrast zu den sattgrünen Blättern.

Wattakaka sinensis
Wattakakaschlinge

3m VI–VII

In Töpfen und Kübeln auf Balkon und Terrasse, aber auch an Zäunen in voller Sonne fühlt sich diese Pflanze wohl.
Wuchstyp: Sie gehört zu der Gruppe der Schlinger.
Höhe: Sie wird in der Regel um die drei Meter hoch.
Blüte/Frucht: In kleinen Dolden angeordnet, bringt die Pflanze im Juni und Juli hübsche kleine, cremeweiße Blüten hervor.
Boden: Die Pflanze mag gute, humose Gartenerde, als Topf- und Kübelpflanze muß sie regelmäßig gedüngt werden.
Pflege: Eine Kletterhilfe ist auf jeden Fall erforderlich. Um frische Blütentriebe für das nächste Jahr zu bekommen, sollte man nach der Blüte schneiden. Vermehrt wird durch krautige Stecklinge. Die Überwinterung erfolgt in kühlen, hellen Räumen. Im warmen Wintergarten bleibt die Pflanze immergrün.

Unten: Die Zaunwinde ist als Unkraut verschrien, doch ihre zarten weißen Blüten sind einfach wunderhübsch.

Calystegia sepium
Zaunwinde

3m VI–IX

Die Pflanze liebt Sonne bis Halbschatten und eignet sich zur Berankung von Drahtzäunen und Drahtpyramiden.
Wuchstyp: Sie gilt als hartnäckiges, schlingendes Unkraut.
Höhe: An geeigneten Kletterhilfen wird sie bis zu drei Meter hoch.
Blüte/Frucht: Von Juni bis September bringt die Winde bis sechs Zentimeter lange, trichterförmige, weiße Blüten hervor.
Boden: Sie gedeiht in jeder Erde.
Pflege: Die Zaunwinde vermehrt sich durch Wurzelausläufer rasend schnell. Man muss sie deshalb unter strenger Kontrolle halten und die Ausläufer regelmäßig abstechen.

Unten: Die langstielige Blüte des Blaugurkenweins wirkt in Form und Farbe schon exotisch.

Akebia quinata

Akebie

7m V–VI

Blaugurkenwein.
Von Sonne bis Schatten an allen Seiten des Hauses oder in Einzelstellung an Pfeilern und Säulen gedeiht die Akebie.
Wuchstyp: Sie ist ein augesprochen starkwüchsiger, linkswindender Schlinger.
Höhe: Die Akebie kann sieben Meter Höhe erreichen.
Blüte/Frucht: Im Mai wachsen aus den Blattachseln die rotbraunen, traubenförmigen Blüten heraus.
Boden: Der Pflanze gefällt guter, leicht alkalischer Boden.
Pflege: Im unteren Bereich verkahlt die Pflanze leicht und man muss sie deshalb regelmäßig und vorsichtig zurückschneiden. Besser als ein Schnitt ist die Kombination mit anderen Pflanzen, etwa der *Clematis*. Die Vermehrung erfolgt durch Absenker oder halb ausgereifte Stecklinge.

Oben: Wie wild der Baumwürger es treiben kann, zeigt das Gewirr an einer Pergola.

Unten: Ungeheuer beliebt ist der ölhaltige Fruchtmantel der Baumwürgerfrüchte bei unseren Vögeln. Hier werden die Früchte gerade freigegeben.

Celastrus spec.

Baumwürger

7m VI

An Mauern, Spalieren, Lauben, Pergolen und freistehenden Klettergerüsten in Sonne und Halbschatten macht sich der Baumwürger hervorragend.
Wuchstyp: Er ist ein starkwüchsiger, linkswindender und zweihäusiger Schlinger.
Höhe: Die Art *C. scandens* erreicht etwa sieben Meter, *C. orbiculatus* sogar über zwölf Meter.
Blüte/Frucht: Im Juni entwickeln beide Arten grüne, unauffällige Blüten. Im Oktober bringt *C. scandens* hellrote Samen in gelben Hüllen, die von *C. orbiculatus* sind karminrot.
Boden: Die Pflanze ist sehr genügsam, liebt jedoch frischen, durchlässigen und leicht alkalischen Gartenboden. Sie ist rauchhart und im schlimmsten Stadtklima zu verwenden.
Pflege: Der aus China stammende *C. orbiculatus* breitet sich sehr stark aus und muss deshalb ständig durch Abstechen der Wurzelausläufer in Schach gehalten werden. Unter jungen Bäumen mit noch weichem Stamm sollte man ihn nicht schlingen lassen. Ein Schnitt sollte möglichst vermieden werden. Die Vermehrung erfolgt durch Stecklinge oder Wurzelausläufer.
Weitere Arten: *C. orbiculatus* (Chinesischer Würger), *C. scandens* (Amerikanischer Würger), *C. o.* 'Herkules' ist männlich, 'Diana' die weibliche Form.

Links: Der Bittersüße Nachtschatten zeigt hier bereits seine giftigen Früchte. Die hübsche sternförmige Blüte ist ebenfalls zu sehen.

Solanum dulcamara

Bittersüßer Nachtschatten

4m VI–VII

An Mauern und Gerüsten im Halbschatten und Schatten gedeiht die Pflanze hervorragend. Da jedoch alle Pflanzenteile giftig sind, ist vor allem bei Kindern Vorsicht geboten.
Wuchstyp: Der starkwüchsige Schlinger ist rechtswindend.
Höhe: Er kann eine Höhe von vier Meter erreichen.
Blüte/Frucht: Von Juni bis Juli bringt er große Dolden voll blauvioletter Blüten mit orangegelber Mitte.
Ab Ende Juli zeigen sich hübsche rote Früchte, die allerdings giftig sind.
Boden: Alle Sorten mögen feuchte Lagen. Die Sorte *S. dulcamara* 'Wendlandii' liebt sonnigen Boden, 'crispum' bevorzugt leicht alkalische Böden.
Pflege: In Trockenperioden kräftig wässern. Die Pflanze kann ganz zurückgeschnitten werden, jedoch sollte nur so weit als nötig geschnitten werden. Die Vermehrung erfolgt durch Stecklinge oder Absenker.
Weitere Arten: Der schlanke, bis zu sechs Meter hohe *Solanum seaforthianum* mit blau-violetten Blütenbüscheln und der stachelige *Solanum wendlandii* mit riesigen Blättern und hellvioletten Blütenbüscheln von 15 bis 20 Zentimeter Durchmesser.

Wussten Sie...

...dass zur Gattung *Solanum* über 1700 verschiedene Arten mit ein- und zweijährigen Kräutern, Sträuchern, Bäumen und Kletterpflanzen gehören.
...dass auch Kartoffeln und Auberginen dazu zählen.
...dass viele dieser Arten hochgiftig sind.
...dass man unseren bittersüßen Nachtschatten bis in Höhen von 1700 Metern finden kann.

Von oben nach unten:
Lonicera brownii 'Fuchsioides'
Lonicera peryclenum
Lonicera tellmanniana

Links: *Lonicera heckrottii*

Unten: *Lonicera henryi*

Lonicera spec.

Geißblatt

4–6m VI–IX

Geißschlinge, Heckenkirsche. Im Halbschatten, an Wänden, Pfeilern und Säulen, an Pergolen und Bäumen gedeiht das Geißblatt hervorragend. Doch ist Vorsicht geboten, vor allem wenn Kinder im Haus sind, denn die Pflanze ist giftig!

Wuchsty: Das Geißblatt ist ein starkwüchsiger, rechtswindender Schlinger.

Höhe: Alle Arten erreichen unterschiedliche Höhen. *L. heckrottii* wird etwa vier Meter hoch, die einheimische *L. caprifolium* erreicht sechs Meter, die westindische *L. henryi* etwa fünf Meter, die Hybride *L. tellmanniana* wieder sechs Meter und *L. brownii* etwa vier Meter.

Blüte/Frucht: *L. heckrottii* bringt von Juni bis September violettrote, duftende Blüten mit gelbweißem Inneren hervor. Ihre Früchte erscheinen im Oktober und sind rot. Sie sind stark giftig. *L. caprifolium* zeigt von Mai bis Juni gelblich-weiße Blüten, ihre Früchte sind leuchtend rot und ebenfalls giftig. *L. henryi* blüht im Juni und Juli purpurrot und bringt giftige, schwarze Früchte, *L. tellmanniana* bringt von Mai bis Juni orangegelbe, röhrenförmige Blüten und *L. brownii* blüht von Mai bis September purpurrot.

Boden: Die Pflanze ist anspruchslos, liebt jedoch leicht lehmigen, alkalischen Boden. Heiße Bodenpartien sollte man meiden. *L. henryi* braucht leichten Schutz, ist aber immergrün.

Pflege: Alle Arten benötigen Kletterhilfen. Geschnitten sollte nur werden, wenn es unbedingt notwendig ist. Ältere, sparrige Pflanzen sollte man dagegen gelegentlich auslichten. Blattläuse, Wollläuse und Echter Mehltau schädigen das Geißblatt sehr häufig.

Weitere Sorten: Von *L. heckrottii* stammt die als Feuergeißblatt bekannte 'Goldflame' ab, von *L. caprifolium* die auf sieben Meter wachsende 'Major' und von *L. brownii* die granatrot blühende *L. fuchsioides* und die scharlachrot blühende 'Dropmore Scarlett'.

Wussten Sie ...

... dass *Lonicera* oder Geißblatt oder Heckenkirsche nur auf der nördlichen Halbkugel unseres Planeten beheimatet ist.
... dass die Gattung etwa 200 verschiedene Arten umfasst.
... dass davon über 70 Arten so winterhart sind, dass sie bei unseren Klimabedingungen wunderbar gedeihen.
... dass davon offensichtlich aus Unkenntnis nur wenige Arten in unseren Gärten gehalten werden.
... dass sie zu den langlebigsten und gesündesten Kletterpflanzen gehören.
... dass fast ausschließlich die Arten der Gattung *Lonicera* mit wirklich bemerkenswertem Blüten- und Fruchtschmuck zieren.

Unten: Die riesigen Blütentrauben der Glyzine faszinieren immer wieder. Man sagt, dass die Trauben der am häufigsten angepflanzten Sorte 'Macrobotrys' bis zu 60 Zentimeter lang werden.

Rechts: Eine Glyzine mit baumartigem Wuchs ist in unseren Breiten eine Rarität.

Wisteria spec.

Glyzine, Blauregen

10–15m V–VI

Die Glyzine stellt an Häusern, Lauben, Pergolen und anderen Kletterhilfen in Sonne und Halbschatten einen ausgezeichneten Blickfang dar.

Wuchstyp: Sie ist je nach Art links- oder rechtswindend und kann bis zu 15 Meter hoch werden.

Blüte/Frucht: *W. sinensis* ist linkswindend und blüht im April mit blauen, kaskadenartig fallenden, 30 Zentimeter langen Blütentrauben. Die rechtswindende *W. floribunda* blüht duftend von Mai bis Juni in weiß bis violett. Aus einer Kreuzung beider stammt *W. formosa*, die als Linkswinder stark duftende Blütentrauben von blass- bis tiefviolett-blau hervorbringt.

Boden: Allgemein ist guter, nährstoffreicher und durchlässiger Boden gefordert. Bei *W. floribunda* und *W. formosa* darf er keinesfalls kalkhaltig sein. Alle Arten sind rauchhart, eignen sich also auch für Stadtklima.

Pflege: Bei der Pflanzung muss die Pflanze stark zurückgeschnitten werden. Sie liebt gleichmäßige Feuchte und leichte Schattierung. Im ersten Jahr erhält der Fuß eine Moospackung und wird feucht gehalten, die Jungtriebe müssen aufgeleitet werden. Im Sommer wird auf vier bis fünf Blätter zurückgeschnitten, im Nachwinter erfolgt ein Nachschnitt auf drei bis vier Augen.

Weitere Sorten: Von allen drei Arten sind verschiedene Sorten entstanden.

Von *W. sinensis* stammen ab: die weiß blühende 'Alba', die dunkelviolett und dicht gefüllt blühende 'Plena' und die dunkelviolett, aber nur halbgefüllt blühende 'Black Dragon'.

Von *W. floribunda* entstammen ebenfalls eine weiße 'Alba' sowie die gefüllte, violettblaue 'Violacea Plena'. Die Sorte 'Macrobotrys' überrascht mit bis zu 60 Zentimeter langen, hell- und dunkelblau gemischten, dichten Blütentrauben.

In lichtem Blau mit über 60 Zentimeter langen Trauben blüht die Sorte 'Issai', noch längere weiße Trauben hat 'Shironaga'. Weiß und sehr fein duftend und mit etwa 40 Zentimeter langen Trauben blüht 'Longissima Alba'.

Links: Hopfen mit Früchten.

Unten: Mondsame

Humulus lupulus
Hopfen

In Sonne und Halbschatten wächst Hopfen an Spalieren, Pfeilern, Pergolen und sucht sich auch Bäume als »Gerüstpflanze« aus.
Wuchstyp: Der starkwüchsige Schlinger ist zweihäusig.
Höhe: Er erreicht Höhen bis zu sieben Meter.
Blüte/Frucht: Die zapfenähnlichen Blütendolden erscheinen im Sommer, aber nur an weiblichen Pflanzen.
Boden: Die Pflanze liebt leicht lehmige, feuchte Standorte.
Pflege: Alle zwei Jahre muss geschnitten werden. Ablegerwurzeln sind sorgfältig abzustechen, da die Pflanze sonst stark wuchert.
Weitere Sorten: *Humulus lupulus* 'Aureus', goldblättrig.

Menispermum canadense
Mondsame

Von voller Sonne bis zum Schatten eignet sich die Pflanze für Rankgerüste, Pergolen und Säulen.
Wuchstyp: Die Mondsame ist eine zweihäusige Schlingpflanze.
Höhe: Sie wird bis vier Meter hoch.
Blüte/Frucht: Von Mai bis Juni blüht die Mondsame in unscheinbar gelb-grün hängenden Trauben. Die Früchte sind blauschwarz und nicht eßbar.
Boden: Die Pflanze liebt guten, humosen Boden.
Pflege: Nach der Pflanzung wird eine Kletterhilfe benötigt. Bei Trockenheit regelmäßig gießen. Geschnitten werden sollte nur bei Bedarf. Ein völliger Rückschnitt schadet der Pflanze.

Links: Die hübschen Blüten der Maurandie treten in Gruppen angeordnet auf.

Unten: Pfeifenwinde, an einer Hauswand kletternd.

Asarina scandens

Maurandie

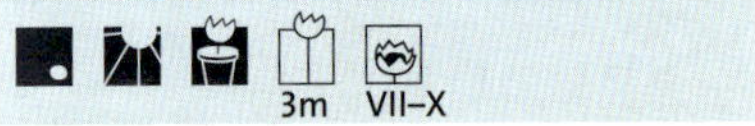

Bei reiner Sonne und zugfreiem Standort eignet sich die Maurandie für Töpfe und Kübel auf Balkon und Terrasse.
Wuchstyp: Sie ist ein einjähriger Schlinger.
Höhe: Ihre Höhe beträgt etwa drei Meter.
Blüte/Frucht: Die Maurandie blüht von Juli bis Oktober in vier Zentimeter langen, blauvioletten Blüten mit weißem Schlund.
Boden: Sie liebt leicht sandige Gartenerde.
Pflege: Aussaat und Vorkultur sollte im Glaskasten erfolgen, dabei ist stets für genügend Feuchtigkeit zu sorgen. Eine Vermehrung durch krautige Stecklinge ist möglich.
Weitere Arten: Bekannt sind *A. barclayana* mit ihren blauen Blüten und die rosa blühende *A. erubescens*.

Aristolochia spec.

Pfeifenwinde

Osterluzeigewächs.
Die Pfeifenwinde gedeiht in allen Lagen, muss jedoch unbedingt windgeschützt stehen. An stabilen Gerüsten und Rankspalieren dient sie als wirkungsvoller Sicht- und Sonnenschutz.
Wuchstyp: Sie ist ein rauchharter, rasch kletternder, linkswindender Schlinger.
Höhe: Sie erreicht bis zu zehn Meter Höhe.
Blüte/Frucht: Die Pflanze blüht im Juni und Juli. Ihre außen gelbgrünen, innen purpurbraunen übel riechenden Blüten sind Insektenfallen.
Boden: Die Winde verlangt frischen, humosen und immer feuchten Gartenboden. An Nord- und Schattenseiten sollte ausreichend Torf und Sand beigemengt werden.
Pflege: Die Pflanze wächst nur langsam an und braucht in den ersten Jahren Winterschutz. Sie muss stets feucht gehalten und der Boden regelmäßig mit reifem Kompost aufgebessert werden. Die Pfeifenwinde wird nicht geschnitten, nur die Triebspitzen werden zur dichteren Verzweigung öfter abgezwickt. Vermehrt wird durch Stecklinge oder Absenker. Bei Befall durch Viren und Spinnmilben muss gespritzt werden.
Weitere Arten: Bekannt sind *A. macrophylla* und *A. sipho*.

Unten: Schlingknöterich, der über eine Mauer fällt.

Wussten Sie ...

... dass die Gattung der Knöterichgewächse nur auf der nördlichen Halbkugel vertreten ist.
... dass von den etwa 150 Arten nur etwa sieben zu den Kletterpflanzen gezählt werden.
... dass von diesen einige bei den einjährigen Pflanzen einzustufen sind.

Polygonum fallopia
Schlingknöterich

Knöterich gedeiht in jeder Lage und erobert im Handumdrehen Wände, Mauern, Pergolen, Lauben, Schuppen, Scheunen und hohe Bäume.
Wuchstyp: Der rechts- und linkswindende, ungeheuer stark wachsende Knöterich ist ein echter Schlinger.
Höhe: Er erreicht eine Höhe von über 15 Meter.
Blüte/Frucht: Die Blütezeit liegt zwischen Juli und Oktober. Der aus Tibet stammende *F. aubertii* blüht weiß in langen Rispen, der ebenfalls aus Asien stammende *F. baldschuanica* zunächst weiß, dann rot. Etwa ab September zeigen sich unscheinbare, winzige, geflügelte Nüsschen.
Elliptisch und bis zu 15 Zentimeter lang sind die Blätter der bis zu drei Meter hoch wachsenden *F. japonica*.
Boden: Die Pflanze ist absolut anspruchslos, liebt feuchten, leicht alkalischen Boden und ist durch ihre absolute Rauchhärte für jedes Stadtklima geeignet.
Pflege: Der Knöterich braucht sehr stabile Kletterhilfen, da er schon nach kurzer Zeit über ein erhebliches Gewicht verfügt. Man muss häufig wässern und jedes Jahr möglichst alle Triebe schneiden, um so eine Verkahlung des Fußes zu verhindern. Vermehrt wird er durch Steckhölzer.

Oben: Hier strebt der Knöterich noch ans Licht, das zeigen seine nach oben stehenden Blütenrispen.

Rankende Kletterer

Oben: Strahlengriffel an einer Pergola.

Unten: Die jungen Blätter von *Actinidia kolomikta* sind rötlich-grün, wechseln später jedoch zu Grün mit weißen oder rosa Punkten.

Actinidia spec.

Strahlengriffel

3m VI

Die Pflanze liebt geschützte, sonnige bis halbschattige Lagen. Sie ist ein herrlicher Schattenspender und fühlt sich an Pergolen, Spalieren, Lauben und Laubengängen sowie in Einzelstellung an Pfeilern wie zu Hause.
Wuchstyp: Der aus der Mandschurei stammende Strahlengriffel ist ein zweihäusiger, überaus robuster und rauchharter Schlinger.
Höh: Die Art *A. kolomikta* erreicht etwa drei Meter, *A. arguta* wird bis zu zehn Meter hoch.
Blüte/Frucht: *A. kolomikta* blüht im Juni weiß mit stark duftenden Blüten. Im Oktober bringt sie schwarze Früchte – die so genannte 'Amur-Stachelbeere' – hervor. Unscheinbar weiß sind die Blüten des von Mai bis Juni blühenden *A. arguta*. Seine Früchte, die »wilden Kiwis« sind gelbgrün und essbar.
Boden: Bevorzugt wird ein humusreicher, leicht alkalischer Boden von gleichmäßiger Feuchte. Die absolut rauchharte Pflanze gedeiht auch im Stadtklima.
Pflege: Nach der Pflanzung muss der Fuß für mindestens zwei Jahre abgedeckt bleiben. In jedem Herbst sollte ausgereifter Kompost aufgebracht und gut eingearbeitet werden. Nur wenn es unbedingt notwendig wird, soll man schneiden. Die Vermehrung erfolgt durch Stecklinge.

Actinidia chinensis

Kiwi

10m V–VI

Die Kiwi will windgeschützt und sonnig stehen. Am Haus gedeiht sie am besten an Südost- oder Südwestseiten. Rankgerüste und Pergolen sollten sehr stabil sein.
Wuchstyp: Der aus Ostasien stammende Ranker ist zweihäusig.
Höhe: Die Kiwi erreicht Höhen bis zu zehn Meter.
Blüte/Frucht: Von Mai bis Juni erscheinen an der Basis der Jungtriebe auffallende weiße Blüten in Büscheln oder Trugdolden. Die männlichen Blüten haben zahlreiche gelbe Staubgefäße. Zur Befruchtung reicht eine männliche Pflanze für ca. sieben weibliche Pflanzen. Im Oktober reifen die vitaminreichen, säuerlich schmeckenden Früchte, die in kühlen, trockenen Räumen gut gelagert werden können.
Boden: Die Kiwi liebt sauren Boden mit einem pH-Wert von 4,5 bis 5,5.

Unten: *Actinidia chinensis* mit Früchten.

Links: Kiwi mit weiblicher Blüte.

Rechts: Wicken sind auf eine langmaschige Hilfe angewiesen. Wachsen sie daran hoch, danken sie es mit reizvoller Blütenfülle.

Ganz rechts: Der wohlgeformte Kelch der Glockenrebe öffnet sich gelblichgrün, wechselt zu mauve und schließlich zu purpurviolett.

Pflege: Junge Pflanzen werden nicht gedüngt, doch wird eine Blattkompostschicht aufgebracht. Im zweiten Jahr wird ausgereifter Kompost eingearbeitet, auf keinen Fall Kalk geben! Der Wasserbedarf ist sehr hoch, der Boden muss ständig feucht sein. Im dritten Jahr schneidet man die Seitentriebe auf sieben Blätter zurück. Später regelmäßig die Jungtriebe über dem fünften Blatt abschneiden. Abgetragene Ruten nach drei bis vier Jahren ganz ausschneiden. Jährlich Triebe als Ersatz nachziehen.
Weitere Sorten: Man unterscheidet die männlichen Sorten 'Matua' und 'Nostino', die weibliche Sorte 'Maki' und die zweigeschlechtlichen 'Jenni' und die sehr robuste 'Weiki'.

Lathyrus odoratus
Duftwicke

2m VII–X

Wicken brauchen viel Sonne. Man kann Sie in geschützten Lagen zur Zaunbegrünung pflanzen, aber auch in Töpfen und Kübeln auf Terrassen und Balkonen halten.
Wuchstyp: Sie gehören zu den schnell wachsenden Rankpflanzen.
Höhe: An geeigneten Kletterhilfen wird die Pflanze bis zu drei Meter hoch, Staudenwicken (*L. latifolius*) bis knapp zwei Meter.
Blüte/Frucht: Wicken blühen vom Juli bis zum Oktober in einem Farbspektrum von Weiß, Rosa, Rot, Violett, Braunrot und Blau.
Boden: Man sät in gute, humose Gartenerde. Die Art *L. latifolius* bevorzugt lehmigen, leicht alkalischen Boden.
Pflege: Wicken sät man jährlich neu aus. Wichtig ist reichliches Wässern und regelmäßige Düngung.

Cobaea scandens
Glockenrebe

10–15m VII–X

Die Pflanze liebt volle Sonne und gedeiht in Töpfen, Kübeln und an sehr geschützten Lagen im Freien.
Wuchstyp: Sie ist eine einjährige, schnellwachsende und dicht belaubte Rankpflanze.
Höhe: Bei guten Bedingungen kann die Pflanze Höhen von zehn bis fünfzehn Meter erreichen.
Blüte/Frucht: Von Juli bis Ende Oktober blüht sie mit vielen blauvioletten, etwa sieben Zentimeter langen Glocken.
Boden: Die Rebe liebt lockere, nährstoffreiche, humose Gartenerde.
Pflege: Man muss jährlich neu aussäen und im Glaskasten vorziehen. Nach dem Auspflanzen sollte regelmäßig gedüngt und gewässert werden.
Weitere Sorten: Bekannt sind *C. sc.* 'Alboflora' und *C. sc.* 'Variegata'.

Unten: Kapuzinerkresse fällt mit ihren gelborangenen Blüten über einen Zaun.

Oben: Kapuzinerkresse mit roten Blüten.

Rechts: Die Schönranke pflanzt man wegen ihrer attraktiven, orangeroten Blüten, die bis tief in den Herbst hinein blühen.

Tropaeolum majus

Kapuzinerkresse

2–3m VII–X

Kresse braucht Sonne und geschützte Lagen, wenn sie in Töpfen, Kübeln an Drahtgerüsten oder als Bodendecker gedeihen soll.
Wuchstyp: Die einjährige, dichtbelaubte und schnell wachsende Pflanze ist ein unermüdlicher Ranker.
Höhe: Sie erreicht Höhen von zwei bis drei Metern.
Blüte/Frucht: Zwischen sehr dekorativem Blattwerk zeigen sich von Juli bis September unendlich viele Blüten in gelb, orange, lachsroter oder rotbrauner Färbung.
Boden: Am besten eignet sich lockerer, feuchter Boden mittleren Nährstoffgehalts. Mit fetter werdendem Boden verringert sich die Blühwilligkeit.
Pflege: Saat im März unter Glas, ausgepflanzt wird im Mai. Sorgen Sie gleich für Kletterhilfen.
Weitere Sorten: Bekannt sind die *Cultorum*-Hybriden wie die dunkelrote 'Brillant', die goldgelbe 'Luteum' und die schwarzrote 'Schwarzer Prinz', sowie die *Nanum*-Hybriden mit der lachsroten 'Vesuvius', der blutroten 'Kaiserin von Indien' und der scharlachroten 'Königin der Zwerge'.

Eccremocarpus scaber

Schönranke

4m VII–X

Die Pflanze eignet sich bei sonnigem und zugfreiem Standort für Töpfe, Kübel, Mauern mit Drahtkletterhilfe und Zäune.
Wuchstyp: Es handelt sich um eine zierliche, bei unseren Klimaverhältnissen einjährige Rankpflanze.
Höhe: Sie wird bis zu vier Meter hoch.
Blüte/Frucht: Von Juli bis Oktober erscheinen orangerote, etwa 12 bis 15 Zentimeter lange Blütentrauben.
Boden: Benötigt wird ein warmer, kräftiger, leicht alkalischer Gartenboden.
Pflege: Im Februar wird unter Glas ausgesät, Ende Mai dann ausgepflanzt. Danach mäßig feucht halten und düngen.
Weitere Sorten: Im Fachhandel erhält man die gelb blühende 'Aureus', die karminrote 'Carminus' und die tiefrote 'Ruber'.

Unten: Alle 400 *Passiflora*-Arten bestechen mit dekorativen Blüten, einige auch mit saftigen Früchten.

Oben rechts: Clytostome (*Clytostoma*)

Oben links: Clytostome mit Blättern und Blüten, die dem Fingerhut ähneln.

Clytostoma spec.

Clytostome

3–4m V–VIII

Die aus Südamerika stammende *Clytostoma* benötigt bei uns einen gut geschützten, halbschattigen Standort. Früher zu den Bignoniengewächsen gezählt, stellt sie und ihre Art heute eine eigene Familie. Effektvoll verschönert sie die Mauern eines Innenhofes oder wallt über Zäune.

Wuchstyp: Sie ist eine Rankpflanze mit vielfach gefiederten Blättern, von denen sich die letzten an der Spitze zu Ranken umbilden und der Pflanze Halt geben können.

Höhe: Die Pflanze erreicht eine Höhe von etwa drei bis vier Metern.

Blüte/Frucht: Von Ende Mai bis in den Sommer bringt *Clytostoma* große, trichterförmige, rosa Blüten mit dunklerem Schlund, die in Paaren oder Trauben aus den Blattachseln wachsen.

Boden: Der Boden muss nahrhaft und durchlässig sein, aber immer genügend Feuchte haben.

Pflege: Eine Kletterhilfe ist unbedingt notwendig. Bei hohen Temperaturen muss regelmäßig gegossen werden. Unmittelbar nach der Blüte wird ausgedünnt und noch vor dem ersten Frost für einen ausreichenden Winterschutz gesorgt.

Passiflora spec.

Passionsblume

–5m VI–X

Die Passionsblume braucht reine Sonne und warme geschützte Standorte. Sie eignet sich als Kübelpflanze, aber auch für die Pflanzung an Pfeilern und der Pergola.

Wuchstyp: Die aus Südamerika stammende Rankpflanze ist starkwüchsig, aber nur bedingt winterhart.

Höhe: Sie erreicht etwa fünf Meter Höhe.

Blüte/Frucht: Von Juni bis in den August hinein blühen *P. caeruela* (weißblau), *P. incarnate* (violettweiß) und letztlich *P. lutea* (weißgelb).

Boden: Geeignet ist sandiger bis leicht lehmiger Boden, aber auch das Mistbeet oder Lauberde werden akzeptiert.

Pflege: Töpfe und Kübel überwintert man im Glashaus, im Freien lebende Pflanzen werden sorgfältig abgedeckt. Vermehrt wird mit Frühjahrsstecklingen.

Weitere Arte: Zu empfehlen sind die rote *P. racemosa*, sowie die von *P. caeruela* abstammende, rotviolett blühende 'Kaiserin Eugenie' und die weiß blühende, winterharte 'Constance Elliot'.

Rechts: Die wunderhübsche Blütenglocke der *Canarina canariensis*. Deutlich erkennbar ist die gleichmäßig feine Aderung und die typische Blattform.

Canarina canariensis

–3m II–V

Zu der auf den Kanarischen Inseln und den Tropenwäldern Ostafrikas beheimateten Gattung *Canarina*, zählen nur drei Arten. Eine davon, *Canarina canariensis*, ist auch in Mitteleuropea bekannt. In unseren kühleren Klimazonen wird sie vor allem im Gewächshaus angesiedelt. In wärmeren Bereichen will sie einen möglichst völlig wind- und frostgeschützten, halbschattigen Standort.

Wuchstyp: Die *Canarina* ist ein schwächlich rankender Kletterer von interessantem Wuchs.

Höhe: Die lieber kriechende Canarina erreicht bei geeigneten Kletterhilfen auch Höhen von zwei bis drei Metern, verweigert sich jedoch erheblich, wenn ihr das Umfeld nicht zusagt.

Blüte/Frucht: Die sattgrünen Blätter sind etwa zweieinhalb bis dei Zentimeter breit und mindestens zehn Zentimeter lang. Sie laufen spitz zu und haben eine feine Aderung. Die Ränder sind gezahnt wie eine Säge. Aus den oberen Blattachseln wachsen einzeln wunderbar geformte, große, rote bis orangefarbene Blütenglocken mit etwa vier bis sechs Zentimeter Durchmesser hervor. Bei *C. canariensis* sitzen sie an bis zu anderthalb Metern herabwallenden, langen Stengeln. Die Blüten selbst weisen auf orangeroten, gut geformten Glocken ein sehr ansprechendes, elegantes und tiefrotes Muster feiner und feinster Äderchen auf. Sie erscheinen an den Pflanzen im Wintergarten in der Zeit von Februar bis Mai.

Boden: *Canarina* braucht feuchten, aber durchlässigen Boden mit einem guten Nährstoffgehalt. Stauende Nässe ist unbedingt zu vermeiden. Bei Kübel- oder Topfhaltung sind regelmäßige Nährstoffgaben und mindestens alle zwei Jahre ein Umtopfen erforderlich.

Pflege: Die *Canarina* vermehrt man durch Samen oder Stecklinge, die aus der Stengelbasis geschnitten werden. Nach der Blüte braucht die Pflanze eine Trockenzeit. Während dieser Trockenperiode im Gewächshaus zieht die Pflanze ein. Die im Freien kultivierte Pflanze macht dies im Winter. Die abgestorbenen Teile müssen sorgfältig entfernt und der Wurzelbereich gut abgedeckt werden.

Rechts: Deutlich erkennbar ist die herzförmige Blattstruktur der Quetschblume sowie die Becher- oder Glockenform der in kleinen Gruppen angeordneten Blüten.

Thladiantha spec.

Quetschblume

4m VI–VII

Die Gattung der aus Ostasien und Afrika stammenden Quetschblume umfasst mehr als 20 Arten. Die winterharte, stark wuchernde Kletterstaude liebt sonnige Standorte und kann sowohl an Mauern, Klettergerüsten und Pergolen wie auch als Bodendecker für Begrünung sorgen. Als Bodendecker dominiert sie allerdings so sehr, dass alles übrige Pflanzenleben darunter erstickt.

Wuchstyp: Die starkwüchsige, sommergrüne, zweihäusige Pflanze gehört zur Gruppe der Rankpflanzen.

Höhe: Bei passenden klimatischen Bedingungen und Bodenverhältnissen erreicht sie Höhen von vier Metern und mehr und kann aufgrund ihres Wuchsvermögens enorm in die Breite gehen.

Blüte/Frucht: Die Quetschblume hat einfach ovale oder dreispitzige Blätter von mittelgrüner Färbung. Etwa von Juni bis Juli bringt sie in kleinen Büscheln oder aber einzeln gelbe, glockenförmige Blüten hervor, aus denen sich im Herbst kleine, kugelig gerippte Früchte entwickeln.

Boden: Die meisten Arten mögen einen humosen und nährstoffreichen Boden, der – ohne Nässe zu stauen – genügend Feuchtigkeit halten kann. Er sollte vor der Pflanzung möglichst tiefgründig aufgelockert und verbessert werden.

Pflege: Die Vermehrung erfolgt durch Aussaat, Stecklinge oder abgetrennte Knollen. Da die meisten Arten nicht völlig winterhart sind, muss für Winterschutz gesorgt werden. Nach dem Abräumen im Frühjahr sollte eine Bodenkur durch Humus- oder Nährstoffbeimengung erfolgen.

Weitere Arten: Die bei uns bekannteste Art ist wohl *Thladiantha dubia*. Diese aus Nordwestchina stammende, ebenfalls etwa vier Meter hoch wachsende Art gehört zu den winterharten Pflanzen ihrer Gattung.
Ihre etwa 12 Zentimeter langen, herzförmigen Blätter können die Verwandtschaft mit der Familie der Kürbisgewächse nicht verleugnen. Sie blüht ebenfalls von Juni bis Juli mit zahlreichen mittelgroßen, goldgelben Glocken. Die Pflanze ist zweihäusig. Wer also Früchte erwartet, muss darauf achten, dass eine weibliche und eine männliche Pflanze zusammen gepflanzt werden. Die dann im Herbst erscheinenden Früchte besitzen durchaus einen Schmuckwert. Sie sind länglichrund, etwa sechs Zentimeter lang und zweieinhalb Zentimeter dick sowie wunderschön dunkelrot gefärbt.
Die Ansprüche von *T. dubia* sind die gleichen wie die der übrigen Arten. Mit dem Winterschutz kann man ein wenig großzügiger sein, darf jedoch niemals leichtsinnig werden.

Wussten Sie ...

... dass die Früchte der Quetschblume mit fortschreitender Reife ihre Farbe von einem satten Grün über Orange nach Rot hin ändert,
... dass bei den weiblichen Pflanzen auch ohne jede Bestäubung ein Fruchtansatz erfolgen kann und
... dass die daraus entstehenden Früchte ohne einen einzigen Samen sind?

Oben: Waldrebe (*Clematis tangutica*) mit Blüte und Fruchtstand.

Rechts: *Clematis alpina*, eine Hybride.

Clematis spec.

Waldrebe

Oben: *Clematis montana rubens*

Hahnenfußgewächs.
Ob Wand, Mauer, Zaun, Pergola, Spalier, Säule, alter Baumstamm oder Bodendecker: Die *Clematis* ist für alles zu verwenden, wenn sie einen sonnigen bis halbschattigen Standort hat.
Wuchstyp: Sowohl Wildarten wie auch Hybriden sind winterharte Rankpflanzen.
Höhe: Die weit über 100 Arten zählende Familie erreicht maximal zehn Meter Höhe.
Blüte/Frucht: Vom Mai bis zum September blüht *Clematis* von weiß bis tiefviolett in unzähligen Farbnuancen, Blütenformen und Größen.
Boden: Die anspruchslose Waldrebe mag durchlässigen, humosen, neutralen bis basischen Boden. Staut sich die Nässe, faulen die Wurzeln, bei schwerem Boden empfiehlt sich vor der Pflanzung eine Drainage.
Pflege: Eine Kletterhilfe ist auf jeden Fall erforderlich, es sei denn, man hätte sich für einen Bodendecker entschieden. Es muss für gleichmäßige Feuchtigkeit gesorgt werden; jährliche Kompost- oder Düngergaben sind unverzichtbar. Der regelmäßige Rückschnitt soll Verkahlungen im unteren Bereich verhindern. Dieser darf nur nach der Blüte vorgenommen werden. Vermehrt wird durch Stecklinge oder Aussaat ins Freie (Kaltkeimer).
Weitere Arten und Sorten: Bei den Wildarten unterscheidet man die *C. montana* mit der weiß blühenden Variation 'Grandiflora' sowie der rosa bis rot blühenden 'Rubens'. Die heimische *C. alpina* hat wunderhübsche Sorten wie die dunkelblaue 'Blue Giant', die lichtblaue 'Pamela Jackman' und die purpurrote 'Ruby'.

Oben: *Clematis*-Hybride 'Jackmanii'

Links: *Clematis*-Hybride 'Ville de Lyon'

Von oben nach unten:
Clematis-Hybride 'Niobe'

Clematis-Hybride 'Comtesse de Bouchaud'

Clematis-Hybride 'Mme Le Coultre'

Von oben nach unten:
Clematis-Hybride 'Ernest Markham'

Clematis-Hybride 'King Edward'

Clematis-Hybride 'Nelly Moser'

Aus der Mongolei stammt die gelb glockenförmig blühende *C. tangutica* (Goldwaldrebe) mit besonders schönen Fruchtständen. Der italienischen Waldrebe *C. viticella* entstammen die weinrote 'Abundance', die rote 'Kermesina' und die weißviolette 'Minuet'. Aus den Alpen stammt die *C. macropetala* mit der dunkelblauen 'Blue Bird' und der weißen, dicht gefüllten 'White Swan'. Und schließlich ist da noch die überreich blühende *C. vitalba* mit ihren hübschen kleinen, weißen Blüten. Von cremeweiß bis lilablau blühen die Hybriden *C. jackmanii* 'Lady Balfour', 'The President', 'Lasurstern', 'Ville de Lion', 'Niobe', 'Ernest Markham', 'Gipsy Queen', 'Mme. Le Coultre', 'Huldine', 'Nelly Moser' und 'King Edward' – um nur einige zu nennen.

Spreizklimmer

Plumbago spec.

Bleiwurz

2–3m V–X

Die Familie der Bleiwurzgewächse (*Plumbaginaceae*) umfasst etwa fünfzehn ein- oder mehrjährige Kräuter sowie kriechende und kletternde, immergrüne und sommergrüne Sträucher. Als Zierpflanzen sind eigentlich nur *Plumbago auriculata* und *Plumbago indica* bekannt. Die aus gemäßigten bis tropischen Breiten stammenden Pflanzen werden bei uns vorwiegend in Kübeln und Töpfen gezogen. *P. auriculata* wächst und blüht, in warmen Sommern im Freien ausgepflanzt, wesentlich besser, muss in der kalten Jahreszeit allerdings eingetopft im Wintergarten überwintern. Beide Arten lieben leicht schattierte Standorte.

Wuchstyp: Die sommergrünen Kettersträucher gehören zur Gruppe der Spreizklimmer. Der relativ schnell wachsende Strauch ist stark verzweigt, seine Triebe sind beinahe vierkantig.

Höhe: *P. auriculata* erreicht etwa drei Meter Höhe, *P. indica* etwa zwei Meter. Beide lassen sich auch leicht in die Breite ziehen.

Blüte/Frucht: *P. auriculata* bringt von Mai bis Oktober himmelblaue Blüten hervor. Sie bestehen aus einer langen, engen Kronröhre, die in einem fünfteiligen Stern endet, und wachsen an ebenfalls sternförmig erscheinenden Dolden, die als Stieltellerblüten bezeichnet werden. *P. indica* bringt dagegen attraktive, leuchtend rosa Blüten bei einem ähnlichen Blütenaufbau. Die Blätter beider Arten sind etwa sechs Zentimeter lang, blassgrün, oval geformt mit kleinen Spitzchen und wachsen an kurzen Stielen wechselseitig aus den Trieben.

Boden: Beide Arten benötigen einen durchlässigen, mit Humus angereicherten, nahrhaften Boden. Stauende Nässe sollte möglichst vermieden werden. Wird die Pflanze im Sommer ausgepflanzt, muss der Boden an der Pflanzstelle tiefgründig gelockert und dräniert werden.

Pflege: Vermehrt wird durch krautige Stecklinge im Sommer und mit halb verholzten Stecklingen im Herbst. Die Jungpflanzen brauchen gleichmäßige Feuchte und mäßiges Licht. Große, eingewöhnte Pflanzen vertragen Trockenheit, doch sollte man zur Erreichung eines guten Blütenansatzes den Boden auch bei den eingewöhnten Pflanzen im Sommer stets feucht halten. Die Bildung neuer Triebe und des Blütenansatzes kann man durch einen gezielten Rückschnitt gegen Ende des Winters unterstützen. In jedem Fall werden Kletterhilfen benötigt. Die Pflanzen lassen auch einen Formschnitt zu.

Weitere Sorten: Von *Plumbago auriculata* sind zwei Neuzüchtungen bekannt. Die Sorte 'Alba', die sehr schöne, reinweiße Blüten hervorbringt, doch genauso empfindlich ist wie die Eltern, und die wesentlich weniger empfindliche Sorte 'Royal Cape', deren Blüten ein wenig dunkler sind als das Himmelblau von *P. auriculata*.

Rechts: Die derben bedornten, dunkelgrünen Blätter des Korallenstrauches bilden einen hervorragenden Hintergrund für seine tiefroten, hängenden Blütentrauben.

Berberidopsis spec.

Korallenstrauch

3m VII

Bis 1984 wurde der Korallenstrauch aus Südchile als einziger seiner Art betrachtet. Nach den Erkenntnissen eines niederländischen Biologen jedoch musste eine bisher als *Streptothamnus* bekannte, aus den Regenwäldern Ostaustraliens stammende Kletterpflanze aufgrund ihrer Familienähnlichkeit als zweite Art in die Gattung *Berberidopsis* aufgenommen werden.
Die Wurzeln beider Arten sind sehr frostempfindlich, die Verwendung in unseren kühleren Breiten also auf Kübel und Töpfe im Gewächshaus begrenzt. Wird sie in milderen Gegenden dennoch im Freien gehalten, muss der Wurzelbereich in weitem Umkreis gut gemulcht werden.
Wuchstyp: Der elegante Kletterer wächst nicht besonders schnell und spreizt sich mit Vorliebe an Bäumen, anderen Wirtspflanzen und Gerüsten empor.
Höhe: Die Wuchshöhe hängt weitgehend von den passenden Standortbedingungen ab und kann drei Meter leicht erreichen.
Blüte/Frucht: Die aus Chile stammende *Berberidopsis corallina* hat bis zu acht Zentimeter lange, schmale, feste und herzförmige Blätter, deren Ränder stumpf gezahnt sind und die an kurzen Stielen fast rechtwinklig aus den Trieben wachsen. Etwa von der Mitte der Triebe bis an ihre Spitze hängen an langen Stielen kleine, glockenförmige, an geschlossene Fuchsienknospen erinnernde, korallenrote Blüten. Beide – Blüten und Blätter an den aufschießenden Trieben machen den Korallenstrauch zu einem eleganten Kletterer.
Das Laub der ostaustralischen Art erinnert an das Laub von Stechpalmen. Ihre tief scharlachroten Früchte sind größer und fleischiger.
Boden: Der Korallenstrauch benötigt einen durchlässigen, leicht torfigen Boden. Wird er in Kübeln oder Töpfen gezogen, muss regelmäßig umgepflanzt werden.
Im Freien muss der Boden tiefgründig und drainiert sein.
Pflege: Vermehrt wird am besten durch Stecklinge im Herbst. Im Gewächshaus muss ebenso wie im Freien stets für genügend Feuchtigkeit gesorgt werden. Seinem Ursprung entsprechend, liebt er feuchte Luft, die Pflanze gedeiht deshalb am besten in milden und feuchten Gebieten. Noch vor dem ersten Frost müssen die Wurzeln der sehr empfindlichen Pflanze weiträumig und dick mit Mulchmaterial abgedeckt werden. Es wird im Frühjahr erst nach den Eisheiligen abgeräumt. Der sehr anpassungsfähige Korallenstrauch lässt sich bei guter Pflege auch bei uns ans Freie gewöhnen.

Wussten Sie ...

... dass unser Korallenstrauch einen Namensvetter hat, mit dem wir ihn keinesfalls verwechseln dürfen,
... dass *Cotoneaster horizontalis* – die niedrig wachsende Felsenmispel – ebenfalls als Korallenstrauch bezeichnet wird und
... dass *Erythrina leguminosa*, ein Hülsenfrüchtler, in unseren Wintergärten ebenfalls als Korallenstrauch firmiert?

Unten: Brombeere mit Früchten.

Oben: Bougainvillea mit rosa Blüten.

Rubus fruticosus

Brombeere

4m VI–VIII

Ein Sonnenanbeter zum Aufleiten an Gerüsten, Herabgleiten von Mauern und Begrünen verkahlender Gehölze.

Wuchstyp: Die Brombeere ist ein rasch wachsendes, spreizklimmendes Rosengewächs. Sie hat weit ausladende, stachelige Triebe mit fünflappigen Blättern. Lässt man die Triebe am Boden liegen, wurzeln sie sofort.

Höhe: Die Brombeere wächst bis zu vier Meter hoch.

Blüte/Frucht: In der Zeit von Juni bis August blüht die Pflanze weiß bis rosa und trägt ab August wohlschmeckende, große, schwarze Früchte mit violett färbendem Saft.

Boden: Benötigt leichten bis tiefgründigen mittelschweren Boden in sonnigen Lagen.

Pflege: Jedes dritte Jahr wird der Boden mit Kompost angereichert. Die Triebe müssen jährlich konsequent aufgebunden werden. Die Geiztriebe der einjährigen Ruten nimmt man im Sommer an den Blattachseln bis auf einen Zentimeter zurück. Das verbessert im folgenden Jahr den Ertrag und verhindert ein Verwildern. Die Vermehrung erfolgt durch Absenker oder Stecklinge. Gegen Schädlinge und Krankheiten ist die Pflanze weitgehend gefeit.

Weitere Sorten: Rankend und dornenlos ist die 'Thornless Evergreen'. Die aus China stammende, bis zu sechs Meter hoch kletternde immergrüne *R. henryi* liebt halbschattige, geschützte Standorte und bringt aus hellroten Blüten ebenfalls schwarze Früchte.

Wussten Sie ...

... dass die Gattung *Rubus* mehr als 250 Arten umfasst.

... dass sich bei 249 Arten wohlschmeckende Beeren, vor allem Himbeeren aus aller Welt, finden.

... dass allein unsere Brombeere, *Rubus fruticosus*, über 2000 stachelige und nicht stachelige Sorten mit winzigen Unterscheidungsmerkmalen, aber meist wohlschmeckenden Früchten umfasst.

Bougainvillea spec.
Bougainvillea

1–9m VII–X

Die Pflanze braucht einen sonnigen Standort und muss in Töpfen oder Kübeln im Haus überwintert werden.
Wuchstyp: Sie ist ein Spreizklimmer, der in südlichen Klimazonen ganze Häuserfronten erobert.
Blüte/Frucht: Je nach Standort blüht die Pflanze den ganzen Sommer über cremeweiß mit – je nach Art – violetten, roten, rosafarbenen oder gelben Hochblättern.
Boden: Sorgen Sie für gute Blumenerde, Staunässe wird nicht vertragen.
Pflege: Wöchentliche Düngung ist unerlässlich, genauso wie gleichmäßige Feuchte durch regelmäßiges Gießen. Vermehrt wird durch Kopfstecklinge bei über 25 °C. Nehmen Sie noch vor dem ersten Frost die Pflanzen herein.
Weitere Sorten: Beliebt sind die purpurviolette 'Alexandra', die orangegelbe 'Orange King', die rosa 'Gruß aus Badenweiler' und die gelbe 'Miggi Rusa'.

Unten: Drillingsblume (Bougainvillea) mit magentaroten Blüten.

Von oben nach unten: Feuerdorn (*Pyrancantha*) mit orangen Früchten.

Feuerdorn mit gelben Früchten.

Pyrancantha spec.
Feuerdorn

3m V–VI

Der Feuerdorn braucht sonnige bis halbschattige, seine Hybriden besonders geschützte Standorte. Am besten eignet er sich für Einzelstellungen an Pfeilern und Rankgerüsten am und um das Haus.
Wuchstyp: Der Spreizklimmer stammt aus Südeuropa, dem Orient und Mittelchina.
Höhe: Die Pflanze wird etwa drei Meter hoch.
Blüte/Frucht: Die bekannteste Art ist *P. coccinea*. Sie blüht von Mai bis Juni in weißen Blütenrispen. Ab September zeigen sich giftige rote, gelbe oder orangefarbene Früchte.
Boden: Der Feuerdorn fordert nicht zu schweren, leicht sandigen und nicht zu sauren Boden.
Pflege: Nur vorgezogene Pflanzen setzen, am besten Pflanzgut kaufen. Stecklingsvermehrung. Ein regelmäßiger Schnitt ist nicht erforderlich.
Weitere Sorten: Von *P. coccinea* stammen die rotfrüchtige 'Column', 'Orange Glow', 'Charmer' (orangerote Früchte) sowie 'Soleil d'Or' (goldgelbe Frucht).

Unten: Winterjasmin mit Blüten.

Jasminum nudiflorum

Winterjasmin

An Böschungen, Spalieren, Geländern und Zäunen in geschützten Lagen, bei sonnigem bis halbschattigem Standort macht die Pflanze eine hervorragende Figur.

Wuchstyp: Der aus Ostasien stammende Spreizklimmer ist winter- und rauchhart.

Höhe: Seine maximale Höhe liegt bei drei Metern.

Blüte/Frucht: Blütezeit ist von Dezember bis April mit unzähligen gelben Blüten.

Boden: Die Pflanze braucht frischen, nährstoffreichen und kalkhaltigen Boden von guter Durchlässigkeit.

Pflege: Man leitet die Triebe der Jungpflanze an Stützen auf und befestigt sie. Alle drei Jahre werden alte und stark verzweigte Triebe eingekürzt, um den Neuaustrieb zu fördern. Die Vermehrung erfolgt durch Absenker oder Stecklinge, auch eine Aussaat ist möglich.

Oben: 'Abraham Darby' blüht bis zum Frost.

Mitte: 'Blaze Superior' blüht den ganzen Sommer.

Unten: 'Gruß an Heidelberg' – ein bis zum Herbst blühender Kletterer.

Rechts: 'Alchimist' blüht nur im Sommer, sie ist aber sehr frosthart.

Rosa

Rosen

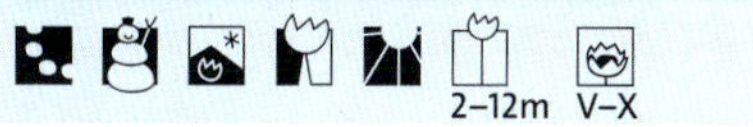

Alle Rosensorten fühlen sich in voller Sonne und im Halbschatten wohl. Sie verzaubern Hauswände und Mauern, verzieren Rosenbögen und Pergolen, verweben sich mit anderen Pflanzen und überwachsen Bäume. Ein versteinerter Fund in Colorado weist ihnen ein Alter von 32 Millionen Jahren zu.

Wuchstyp: Die viele hundert Sorten umfassenden Kletterrosen sind allesamt Spreizklimmer, besitzen allerdings sehr unterschiedliche Wuchsformen mit starken, aufwärts strebenden oder biegsamen, nach Halt suchenden Trieben. Sie sind mehr oder weniger winterhart und mehr oder weniger empfindlich gegen Krankheiten und Schädlingsbefall.

Höhe: Aufgrund der unendlichen Artenvielfalt schwankt denn auch die Wuchshöhe zwischen zwei Meter und zwölf Meter.

Blüte/Frucht: Rosen blühen von Mai bis Oktober. Sie blühen in allen Farben, vom reinsten Weiß bis zu einem beinahe schwarzen Rot. Es gibt sie einmal blühend, öfter blühend und dauerblühend in unendlicher Vielfalt.

Boden: Allen ist gemeinsam, dass sie einen tiefgründigen, nährstoffreichen, lockeren Boden mit einem pH-Wert zwischen 6 und 7 bevorzugen. Von dieser Norm abweichender Boden muss entsprechend verbessert werden.

Pflege: Natürlich variiert auch die Pflege. Alle aber sind für ein 24-stündiges Wässern vor der Frühjahrspflanzung dankbar und wollen nach der Pflanzung zum Schutz vor Austrocknung gut angehäufelt werden. Die Veredelungsstelle soll dabei vor dem Anhäufeln mindestens fünf Zentimeter unter der Erdoberfläche liegen. Man schneidet behutsam, bei altem Holz, wenn nötig, bis auf den Boden. Vor dem Winter wird Kompost, besser noch einfache Gartenerde aufgebracht und angehäufelt (auf keinen Fall Torf verwenden) und mit viel Reisig, Tannenzweigen, Jute oder Sackleinwand für ausreichenden Schutz vor Kälte, andererseits aber auch gegen zu starke Erwärmung durch die Wintersonne gesorgt. Doch muss dieser Schutz rechtzeitig im Frühjahr wieder entfernt werden.

Oben: 'Compassion' ist sehr widerstandsfähig, bis in den Herbst blühend.

Unten: 'American Pillar' blüht nur im Sommer, dafür aber überreich.

Wussten Sie ...

- ... dass die Gattung der Rosen rund 200 Arten und wohl mehr als das Zehnfache an Hybriden umfasst.
- ... dass sie hauptsächlich in den gemäßigten Zonen unserer Erde verbreitet sind.
- ... dass nur etwa 50 Arten mit einem Mehrfachen an Hybriden in Europa vorkommen.
- ... dass die kleinsten Arten bei etwa 60 Zentimeter Höhe, die größten Arten jedoch eine Ausladung von 30 Metern und mehr erreichen können.
- ... dass Rosen zu den langlebigen Pflanzen gehören, denen man im Einzelfall ein Alter von 1000 Jahren und mehr nachsagt.

Im Rahmen dieses Buches können wir Ihnen nur eine winzige Auswahl an Sorten anbieten, doch gehören die aufgeführten Kletterrosen mit zu den Schönsten, die es gibt. Dazu gehören:

'Alberic Barbier' mit ihren bis zu sieben Meter hoch wachsenden Trieben und den einmal erscheinenden cremeweißen Blüten mit dem gelben Herz.

Die robuste **'Alchimist'** mit ihrem robust-aufrechten, vier Meter hohen Wuchs und den goldgelben, reich gefüllten, großen Blüten.

Oder die auch für Hochlagen geeignete, bis fünf Meter hohe **'American Pillar'** mit den einfachen, in Dolden wachsenden, weißherzigen karminrosa Blüten. Wunderschön ist die drei Meter hohe **'Blaze Superior'**, die bis tief in den Herbst hinein ihre scharlachroten Blüten leuchten lässt.

Sehr beliebt ist die bis sechs Meter hohe **'Bobby James'**, deren cremeweiße Blüten an weit überhängenden Trieben einen herben Duft verströmen.

Ebenso beliebt ist die drei Meter hohe, kraftvolle und wetterfeste **'Compassion'** mit ihrer öfter blühenden, edel geformten, halbgefüllten und in lachsrosa duftenden Blütenfülle.

Die drei Meter hohe, aufrechte und öfter blühende **'Danse du Feu'** ist mit ihren Büscheln leichtgefüllter leuchtend roter Blüten ein Blickfang an Pfeilern und Säulen.

Sehr beliebt ist die bis drei Meter hohe, absolut frostharte und robuste **'Dortmund'**, die bis tief in den Herbst ihre halbgefüllten, roten Blüten mit dem weißen Auge leuchten lässt.

Links: 'Dortmund', einer der härtesten Dauerblüher.

Unten: 'Goldener Olymp' ist ein goldgelber Dauerblüher.

Unten: 'Flammentanz' blüht nur einmal im Sommer, dafür aber sehr reich. Sie ist extrem frosthart.

Wuchsfreudig ist die bis fünf Meter hohe, robuste und starkwüchsige **'Flammentanz'** mit ihren großen, gefüllten, feuerroten dichten Blütendolden.

'Goldener Olymp' mit aufrechtem, starken Wuchs bis drei Meter Höhe blüht öfter und beinahe bis zum ersten Frost. Die großen, gefüllten, mehr golden als gelb schimmernden Blüten sind sehr witterungsbeständig.

Ebenfalls öfter blühend und wunderbar duftend besticht die drei Meter hohe **'Ilse Krohn Superior'** mit stolzem, aufrechtem Wuchs. Ihre wundervoll geformten Blüten wechseln von cremeweiß in ein helles, völlig reines Weiß.

Links: 'Ilse Krohn Superior' hat edelrosengleiche große Blüten in reinem Weiß mit gelblicher Mitte. Sie ist sehr widerstandsfähig und bis zum Frost blühend.

Unten: 'Rosarium Uetersen' mit duftenden »alten« Rosenblüten. Sie blüht bis zum Frost.

Unten: 'Paul's Scarlet Climber' blüht den ganzen Sommer über.

Oben: 'New Dawn' ist ein bewährter Dauerblüher mit großer Frosthärte, durch seine weichen Triebe vielseitig zu verwenden.

Links: 'Super Dorothy' ist eine dauerblühende Verbesserung der alten Sorte 'Dorothy Perkins'.

Links: 'Venusta Pendula' ist ein sehr stark wachsender Rambler, nur im Sommer blühend, aber mit einer überwältigenden Blütenfülle. Sie ist zudem sehr frosthart.

Oben: 'Sympathie' mit edelrosengleichen Blüten und starkem, kräftigem Wuchs. Sie blüht bis zum Frost.

Beliebt und bekannt ist die bis vier Meter hohe **'New Dawn'** mit ihrem kräftigen, weit ausladenden Wuchs. Ihre ungeheure Fülle schön geformter, mittelgroßer, wenig gefüllter, lichtrosa Blüten verblüht in Weiß. Sie blüht bis zum ersten Frost.

Breitbuschig, stark, bis vier Meter hoch, wächst **'Paul's Scarlet Climber'**. Die mittelgroße, halbgefüllte, blutrote Blüte verblaut beim Welkprozess. Sie blüht in der Regel nur einmal, besitzt aber eine Option auf Nachblüte.

Dunkelrosa, stark gefüllt und mit einem betörenden Duft präsentiert sich am besten in Einzelstellung **'Rosarium Uetersen'** mit weit überhängenden Trieben. Diese öfter blühende Rose bewahrt ihre Form gegen Regen und Sturm bis in den Herbst hinein.

Die nur zweieinhalb Meter hohe **'Super Dorothy'** blüht mit dicken Büscheln kleiner, dicht gefüllter, rosa Blüten vom Juli bis zum ersten Frost.

Buschig und stark, bis vier Meter hoch, zeigt die früh, reich und öfter blühende **'Sympathie'** ihre gefälligen, leichtgefüllten, mittelgroßen und dunkelroten Blüten in Einzelstellung und Büscheln. Diese verströmen zudem einen sympathischen Duft.

'Veilchenblau', vieltriebig und von starkem Wuchs, reich, dicht und einmal blühend, ist beinahe ein kleines Wunder. Ihre niedlichen, purpurroten, kleinen Knospen öffnen sich zu magentafarbenen, leicht gefüllten kleinen Blüten, die ihre Farbe mit der Zeit über Lila zu Grau verändern.

Bis sechs Meter hoch klettert die ausgesprochen frostharte **'Venusta Pendula'** in Bäume und über die Pergola. Wie ein dichter Teppich, überreich, zeigt sie mit der Zeit gleichzeitig ihre rötlich schimmernden Knospen und leuchtend weiße, leicht gefüllte Blüten.

Anhang

Auf den folgenden Seiten finden Sie eine Auflistung bei uns erhältlicher und empfehlenswerter Kletterpflanzensorten. Mit Hilfe dieser Tabellen können Sie eine für Ihre speziellen Bedürfnisse passende Pflanze ermitteln.
Bezugsquellen und Adressen finden Sie auf Seite 142. Die Tabellen erheben keinen Anspruch auf Vollständigkeit, da dies den Rahmen des Buches sprengen würde.

Efeu – Freilandsorten

Name	Härte	Merkmale/Sonstiges
'Congesta'	S	kleinblättrig, leicht gewellte Blätter, starke Triebe, aufrechter Wuchs
'Conglomerata'	S	ähnlich*Congesta*, noch stärker im Wuchs; bekannt als Steingartenefeu
'Deltoidea'	G–S	sehr guter, harter Bodendecker für kleine Flächen, kleinblättrig
'Dentana Variegata'	G	große, gelbweiß gezeichnete Blätter; für Bodendecker und Berankung
'Diana'	G	große, sattgrüne Blätter, fein geadert, steifer Wuchs, sehr dicht belaubt
'Digitata'	S	sehr harte, zierliche Sorte für alle möglichen Arten der Berankung.
'Digitata Hesse'	S	gelapptes, dunkelgrünes Blatt, im Winter rot; Berankung und Bodendecker
'Donerailensis'	S	ausgeprägte rotbraune Winterfärbung; Wandberankung
'Glacier'	M–G	grün und silbergrau gefleckte Blätter mit weißem Rand; vielfach im Freien
'Goldheart'	G – S	schönste goldgelb-grüne Sorte; Berankung an geschützten Stellen, keine Sonne
'Green Ripple'	G	große, fein geaderte, grüne Blätter; für Gräber und Balkonkästen geeignet
'Hibernica'	G	sehr schnell wachsende Freilandsorte, für Bodendeckung und Berankung geeignet
'Minima'	S	kleinblättrige, flach wachsende Sorte; Bodendecker für kleinere Flächen
'Modern Times'	S	gelapptes, rundliches Blatt, schöne Aderung, Berankung und Bodendecker
'Pittsburgh'	M–G	altbekannte Sorte mit gewöhnlichen dunkelgrünen und großen Blättern
'Sulphur Heart'	G	große, sattgrüne Blätter gelbgrün panaschiert; für Bodendecker und Berankung
'Sulphurea'	G	leicht gewölbtes, gelbgraues Blatt; zur Wandberankung und als Bodendecker
'Tenneriffe'	G	kleines, cremefarbenes Blatt, grün oder graugrün getupft und gefleckt
'Thorndale'	G–S	sehr schnell wachsende Freilandsorte; Wandberankung und Bodendecker
'Tricolor'	G–S	graugrünes, weiß gerandetes Blatt, rote Winterfärbung, vielseitige Verwendung
'Walthamensis'	S	ausgesprochen hübsche, kleinblättrige Sorte für kleine Flächen
'Wingertsberg'	S	im Winter gerötete, glänzende Blätter, schneller Wuchs, vielseitige Verwendung
'Woerner'	S	härteste Freilandsorte, sehr großblättrig, zur Wandberankung und als Bodendecker

Es bedeuten:
S = sehr gute Winterhärte
G = gute Winterhärte
M = mäßige Winterhärte
U = ungenügende Winterhärte

Geißblatt

Name	Blüte/Blütezeit
acuminata	weißgelb, duftend, IV–VI, S
albiflora	weiß, nicht duftend, IV–V, S
alseuosmoides	creme, nicht duftend, IV–VII, W
americana	A: rötlich, I: weißgelb, duft. IV–X,S
biflora	weißgelb, nicht duftend, V–VII,S
brownii 'Fuchsioides'	orange, nicht duftend, IV–VI, S
b. 'Dropmore Scarlett'	orange, nicht duftend, IV–X, S
caprifolium	cremeweiß, duftend, IV–VI, S
c. 'Anna Fletscher'	lichtgelb, duftend, IV–VII, S
c. 'Inga'	cremeweiß, duftend, IV–V, S
ciliosa	orange, nicht duftend, IV–VI, S
etrusca	gelbrosa, duftend, IV–VI, W
e. 'Donald Waterer'	gelbrot, duftend, V–VII, S
e. 'Michael Rosse'	rosagelb, duftend, V–VII, S
e. 'Superba'	gelbrosa, duftend, V–VII, S
e. 'Pubescens'	gelbrosa, duftend, V–VII, S
giraldii	lilarot, nicht duftend, V–IX, S
glabrata	weißgelb, nicht duftend, V–VII, S
glaucescens	rot, nicht duftend, V–VI, S
heckrottii	A: purpur, I: gelb, VI–IX, S
h. 'American beauty'	rosagelb, duftend, IV–X, S
h. 'Goldflame'	orangerot, duftend, IV–X, S
henryi	cremefarben, nicht duftend, V–VI, W
hildebrandiana	große gelbe Blüten, duftd., VI–VII, S
hirsuta	weißrot, duftend, VI –VIII, S
hispidula	cremeweiß-rosa, IV–V, S
italica	weißrosa, duftend, IV–V, S
i. atrosanguinea	purpurrot, duftend, IV–V, S
i. 'Sherlite'	weißrot, duftend, V–VIII, S
japonica	weißrosa, stark duftend, V–IX, S
j. 'Aureoreticulata'	weißrot, V–VII, buntblättrig, S
j. 'Dart´s Acumen'	weißgelb, duftend, V –VI, S
j. 'Hall´s Prolific'	weißgelb, duftend, V– IX, S
j. 'Halleana'	weißgelb, duftend, V–IX, S
j. 'Horwood Gem'	gelbweiß, duftend, V–IX, S

Name	Blüte/Blütezeit
j. 'Interwold'	gelbrot, duftend, V– VIII, S
j. 'Purpurea'	weißrot, duftend, V– IX, S
j. chinensis	weißrot, duftend, V–VI , S
macranthea	weißgelb, duftend, V– VII, S
macranthoides	weißgelb, duftend, V–VII, S
periclymenum	weißgelb, duftend, V– VIII, S
p. 'Heaven Scant'	cremeweiß-gelb, duftend,VI-VIII, S
p. 'Sweet Sue'	cremeweiß, duftend, V– VIII, S
p. 'Belgica'	karminrosa, duftend, V– VIII, S
p. 'Cream Cloud'	cremeweiß, duftend, V– VIII, S
p. 'Graham Thomas'	gelbweiß, duftend, V–VIII, S
p. 'La Gasnerie'	rosagelb, duftend, V–VIII, S
p. 'Liden'	weißrot, duftend, VI–VIII, S
p. 'Loly'	rotweiß, duftend, VI–VIII, S
p. 'Martine'	weißgelb, V–VIII, nicht kletternd
p. 'Red Gables'	weißrot, duftend, VI–VIII, S
p. 'Serotina'	rotweiß, duftend, V–VIII, S
p. 'Serpentine'	weißrot, duftend, V–VIII, S
reticulata	gelbrot, duftend, VI–VII, S
sempervirens	rot, nicht duftend, V–IX, S
s. 'John Clayton'	hellgelb, nicht duftend, V–VIII, S
s. 'Leo'	orangerot, nicht duftend, V–VIII, S
s. 'Suphurea'	gelb, nicht duftend, V– IX, S
s. 'Superba'	rot, nicht duftend, V–IX, S
similis (delavayi)	gelbweiß, duftend, VII–VIII, S
tellmanniana	orangegelb, nicht duftend, IV– V, S
t. 'Joan Sayers'	lichtgelb, nicht duftend, IV–V, S
tragophylla	gelb, nicht duftend, IV–V, S
am. antrosanguines	dunkelrot, duftend, VI–X, S
am. 'Rubella'	blass purpur, duftend, VI– IX, S
br. 'Plantierensis'	korallenrot, nicht duftend, VI–X, S
br. 'Punicea'	orangerot, nicht duftend, VI–IX, S
c. 'Rubra'	A: purpur I: gelbweiß, duftd., VI–VII
c. 'Praecox'	weißrosa, duftend, VI–VII, S
flava	gelb, stark duftend, V– VI, S

Es bedeuten:
S = sommergrün
W = wintergrün
A = außen
I = innen

Clematis

Name	Höhe	Standort	Blütenfarbe und -größe	Blütezeit	Schnitt	Sonstiges
alpina 'Cyanea'	2 bis 3m	jeder	blauviolett, 3 – 4 cm	IV–V,(VIII)	1	gute Wuchseigenschaften
a. 'Pink Flamingo'	2 bis 3m	jeder	stark rosa, nuanciert, 6-7 cm	V– VI,(VIII)	1	sehr große Blüte
a. sib. 'Albina Plena'	2 bis 4m	jeder	weiß, gut gefüllt, 6 – 8 cm	VI–VIII/IX	1	beste Art dieser Gruppe
macropetala, bot	2 bis 3m	jeder	blauviolett, gefüllt, 4-6 cm	V/VI, u. VIII	1	lockere Blütenfüllung
m. markhams 'Pink'	2 bis 3m	jeder	rosa, dicht gefüllt, 5 - 7 cm	V/VI,u. VII/VIII	1	sehr kompakte Blüte
m. 'Purple Spider'	2 bis 3m	jeder	dunkelblau-violett,6 - 8 cm	V– VI u. VII/VIII	1	großblütig, gute Nachblüte
m. 'White Lady'	2 bis 3,5m	jeder	reinweiß, 4 – 6 cm	V/VI u. VII/VIII	1	Sorte mit gutem Wuchs
montana, bot	7 bis 12m	jeder	cremeweiß, duft. 4 – 5 cm	V– VI	1	sehr starker Wuchs,
m. pleniflora	5 bis 8m	jeder	reinweiß, mit 3 – 4 cm	V–VI	1	schön gefüllte Blüten
m. 'Tetra Rose'	6 bis 9m	jeder	dunkelrosa, duft, 5 – 7 cm	V/VI– VII	1	sehr große Blüten
viticella, bot	2 bis 3,5m	OSW	blau-oder rotviolett, 3-4 cm	VI–IX	3	Farbe je nach Herkunft
v. 'Alba Luxurians'	2 bis 3,5m	OSW	weiß, grün gefleckt, 4-5 cm	VI–IX	3	nur teilweise gefleckt
v. 'Betti Corning'	2 bis 3,5m	OSW	hellblaue Glocken, 4-5 cm	VI–IX/X	3	sehr gut duftend
v. 'Blue Bell'	2 bis 4m	OSW	dunkelviolett, 6 bis 10 cm	VII–IX	3	großblütig, wuchsstark
v. 'Etoile Violett'	2,5 bis 4m	OSW	dunkelviolett, 9 bis 9 cm	VI–IX	3	reichblütig, sehr gesund
v. 'Entel'	2 bis 3,5m	OSW	rosa, helle Mitte, 8-10 cm	VI–VIII	3	sehr groß und reich blühend
v. 'Hanna'	bis 2,5m	OSW	hellblaue Becher, 4- 6 cm	VI–IX	3	außergewöhnliche Form
v. 'Kermesine'	bis 3,2m	OSW	purpurrosa , 4 bis 6 cm	VI–VIII	3	sehr schöne Farbe
v. 'Mme J. Correvon'	bis 3,5m	OSW	reines Kirschrot, 7 bis 10 cm	VI–IX	3	sehr große Blüten
v. rosea	bis 2,5m	OSW	reinrosa, zierlich, 2 bis 3 cm	VI–IX	3	reichblütig, Becherblüten
v. 'Royal Velour'	bis 3,2m	OSW	purpurrot-violett, 4 bis 6 cm	VI–IX	3	samtige Bl. stark blühend
v. 'Venosa Violacea'	2 bis 4m	OSW	violett, Nuancen, 6 bis 8 cm	VI–IX/X	3	attraktives Farbenspiel
v. campaniflora	2 bis 3m	OSW	zierl. weiße Becher, 2,5 cm	VI–VIII	3	reichblütig, empfindsam
fargesioides 'P .Farges'	3 bis 5m	jeder	cremeweiß, reichbl. bis 4 cm	VI/VII–X	3	blüht sehr reich in Gruppen
gouriana, bot	4 bis 6m	jeder	cremeweiß, duftd. bis 2,5cm	IX–X	3	starkwüchsige Art
vitalba, bot	5 bis 10m	jeder	cremeweiß, nur 1 bis 2 cm	VII–X	3	wuchsstarke heimische Art
crispa, bot	bis 2,4m	Sonne	hellblau, duftd., 2 bis 3 cm	VI–VIII/IX	3	weißer, gewellter Blütenrand
fusca, bot	2,5 bis 3m	Sonne	braunviolett, kugelig, 3 cm	VI–VIII	3	stark behaarte Blüten
texensis, bot	bis 2,6m	Sonne	A:hellrot,I:creme, 3 bis 4 cm	VI–VIII	3	wunderschöne Blüte
t. 'Etoile Rose'	2 bis 2,5m	Sonne	rosarot,Saum silbern, bis 5cm	VI–IX/X	3	ausdauernd, sehr reichbltg
t. 'Gravetye Beauty'	2 bis 3m	Sonne	blutrot, großblumig, bis 8 cm	VI–IX/X	3	offene, tulpenförmige Blüte
t. 'Kaiu'	2 bis 3,5m	Sonne	reinweiß, 4 bis 6 cm	VI–IX	3	sensationelle Neuzüchtung
glauca, bot	4 bis 6m	OSW	gelb, länglich, 2 bis 2,5 cm	VIII–X	3	blaugrüne Belaubung
orientalis, bot	bis 5,5m	OSW	hellgelb, klein, 3 bis 4 cm	VIII–X	3	ballonförmige Blüte
o. 'Orange Peel'	4 bis 6m	OSW	goldgelbe Kugel, 3 bis 4 cm	VIII–X	3	dickfleischiges Blütenblatt
tangutica 'Aureolin'	bis 4,5m	OSW	gelb, reichblühend, bis 5 cm	V/VI u. VIII/IX	3	sehr ausdauernder Blüher
seratif. 'Gold. Tiara'	2 bis 3m	Sonne	golden,weit offen, bis 8 cm	VII–X	3	beste Winterhärte

Es bedeuten:
1 = nicht schneiden
2 = leicht zurückschneiden
3 = kräftig zurückschneiden
O = Osten
W = Westen
S = Süden
N = Norden
bot = botanische Art

Clematis-Hybriden

Name	Höhe	Standort	Blütenfarbe und -größe	Blütezeit	Schnitt	Sonstiges
'Anna German'	2 bis 3 m	jeder	hell violettblau, 12 bis 14 cm	VII–IX	2	helle Mitte, sehr frosthart
'Ascontensis'	2 bis 4 m	jeder	mittelblau, reichbl. bis 14 cm	VI–IX	3	Spitzensorte, sehr gesund
'Boscoop Beauty'	bis 3,5 m	ONW	rosaweiß, gestreift, bis 22 cm	V/VI u. VIII/IX	2	violett gestr., sehr haltbar
'Capitaine Thuilleaux'	bis 3,5 m	jeder	cremeweiß, gestr., 16 bis 18 cm	V/VI u. VIII/IX	2	rosa gestreift ,reichblütig
'Dr. Ruppel'	3 bis 4 m	jeder	karminrosa, 14 bis 16 cm	V/VI u. VIII/IX	2	dunkle Strfn.Spitzensorte
'Edith'	bis 2,2 m	jeder	reinweiß, niedrg. bis 10 cm	V/VI u. VIII/IX	2	anfangs grünliche Blüte
'Edo Murasaki'	bis 3,5 m	OSW	dunkl. Enzianblau, bis 20 cm	V/VI u. VIII/IX	2	strahlende Leuchtkraft
'Europa'	bis 3,5 m	jeder	mttlblau, dkl. Mitte, bis 16 cm	VI–VIII	2	sehr lange haltbar
'Fireworks'	bis 3,5 m	jeder	blauviol., rote Str., bis 22 cm	V/VI u. VIII/IX	2	riesige, hübsche Blüte
'General Sikorski'	bis 3,5 m	OSW	mtlblau, viol. Str.,bis 14 cm	V/VI u. VIII/IX	2	starke und gesunde Sorte
'Gipsy Queen'	bis 4,5,m	OSW	dklsamtviolett, 12 bis 14 cm	VIII u. IX	3	mit hellen Staubgefäßen
'Hagly Hybrid'	bis 3,5,m	ONW	rosaviolett, 12 bis 14 cm	VII–IX	3	sehr robuste Sorte
'Harmony'	bis 3,5 m	jeder	rosa mit dkl. Adern, 14 cm	V/VI u. VIII/IX	2	einf.u. gefüllte Blüten, neu
'Huldine'	bis 4,5 m	SW	vorne perlweiß, 6 bis 8 cm	VII–IX	3	hint. Blütenseite braunviolett
'Jackmanii superba'	bis 3,3 m	jeder	dunkles Weiß, 10 bis 12 cm	VII–IX	3	kompakt, starkwüchsig
'John Huxtable'	bis 3,5 m	OW	reinweiß, 8 bis 12 cm	VII–IX	3	wie 'Comtesse de Bouchaud'
'Katharina'	bis 2,5 m	ONW	hellblau, I: weiß, 10 bis 14 cm	V/VI u. VIII/IX	2	fein gewellte Blütenränder
'King Edward VII'	bis 4,5 m	ONW	bläulich-lavendel, bis 16 cm	VI–IX	2	Blüte dunkler gestreift
'Kommerei'	bis 2,8 m	OSW	dunkelrot, 10 bis 12 cm	VI–VIII	3	purpurfarbene Staubgefäße
'Lady Betty Belfour'	bis 4,5 m	SW	dklblau-violett, bis 14 cm	VIII–X	3	sehr starkwüchsig
'Lady Northcliff'	2 bis 3 m	jeder	kornblumenblau, 12 bis 14 cm	VI–IX	2/3	sehr helle Staubgefäße
'M. Louise Jensen'	bis 3,5 m	OSW	blau-violett, 10 bis 14 cm	V–X	2	rötl. schattiert, gewellter Rd.
'Mephistophel'	bis 3,5 m	OSW	dkl.purpurrot, 10 bis 12 cm	VII–IX	3	sehr dunkle Staubgefäße
'Multiblue'	bis 2,8 m	jeder	dunkelblau, 8 bis 12 cm	V/VI u. VIII/IX	2	dicht gefüllte Blüte
'Natascha'	2 bis 3 m	jeder	lavendelbl. hell gstr. bis 12cm	V/VI u. VIII	2	gewellter Blütenrand
'Peter Pan'	bis 2 m	ONW	Zwergsorte, weiß, bis 15 cm	V/VI u. VIII/IX	2	hellbraune Staubgefäße
'Piilu'	bis 2 m	jeder	lav.rosa, hellrandig, bis 10cm	V/VI u. VIII/IX	2/3	gefüllt und reich blühend
'Red Pearl'	bis 3,2 m	jeder	reichbl. Rot, 14 bis 16 cm	V/VI u. VIII	2	japanische Neuzüchtung
'Romantica'	bis 2,8 m	Südlage	dkl.rotviol. reich bl., bis 12 cm	VII–IX	3	überreich blühende Sorte
'Rouge Cardinal'	bis 2,5 m	OSW	samtrot, robust, 10 bis 14 cm	V/VI–VIII	3	sehr schöne Herbstfärbung
'Sir Garnet Wolseley'	bis 2,5 m	OSW	lav.blau, dkl. Str. 12 bis 15 cm	V u. VII–IX	2	frühest blühende Hybride
'Tentel'	bis 2,2 m	OSW	altrosa, geadert, bis 12 cm	VII–IX	3	Blüte hat gewellten Rand
'The President'	bis 3,4 m	jeder	dunkelblau, 14 bis 18 cm	V/VI u. VIII/IX	2	gesunde und wüchsige Sorte

Weinreben (*Vitis*)

Name	Höhe	Information
Vitis aestivalis	bis 20 m	eiförmige, große Blätter mit rostroter Unterseite, erbsengroße, süße Früchte
amurensis	bis 10 m	große, tief eingeschnittene 3–5lappige Blätter, purpurrote Herbstfärbung
coignetiae	bis 10 m	30 cm breite, 3-5lappige Blätter, Herbstfärbung scharlachrot, Früchte nicht essbar
davidii		hochwachsende Triebe mit Stacheln! Herzförmige, dreilappige Blätter, bis 20 cm lang
flexuosa	bis 5 m	schmale, herzförmige Blätter, bis 10 cm lang, erbsengroße, schwarze Beeren.
labrusca	bis 15 m	Fuchsrebe, große, eiförmige Blätter, Trauben mit kleinen Früchten, schwarz, süß, essbar
riparia	bis 10 m	breite, eifömige, dreilappige Blätter, glänzend grün, purpurschwarze Beeren
vulpina		kräftig wachsend, Alterstriebe bis 50 cm dick, Blätter 20 cm lang und 10 cm breit
vinifera	bis 10 m	braucht mildes Klima und geschützte Lagen, Wintertemperatur nicht unter 20 °C
'Blauer Portugieser'		starkwüchsig, mittelspät, blaue Beeren
'Brant'	bis 9 m	sehr winterhart, kleine rote, wohlschmeckende Beeren, kein Pflanzenschutz nötig
'Gelber Muskateller'		mittelfrüh, gelbe Beeren mit Muskatgeschmack
'Boscoop Glory'		süße, blaue Trauben
'Witte von der Laan'		weiße Trauben
'Purpurea'		Färbertraube, junge Blätter rosafarben, ausgewachsene Blätter purpurrot

Jungfernreben (*Parthenocissus*)

Name	Höhe	Information
P. henryana	bis 5 m	silberadrige Blätter, rot überlaufen, friert oft zurück, Winterschutz für Wurzeln
P. himalalaica 'Rubrifolia'		purpurrote Blätter
P. inserta	bis 8 m	nur schwach kletternd, hat selten Haftscheiben, Fassadenbegrünung nur mit Hilfen
i. 'Laciniata'		kleinere Blätter, tiefer eingeschnitten, mit gesägtem Rand und gelblichgrün
i. 'Macrophylla'		bis 18 cm lange und 10 cm breite Blätter, grün bleibend, ohne Herbstfärbung
P. quinquefolia	bis 10 m	»Wilder Wein«, fünfteilige Blätter, Herbstlaub karmesinrot, kleine blaue Beeren
qu. 'Engelmanii'		schmalere Blätter, matte, dunkelrote Herbstfärbung, Ranken mit vier bis sechs Ästen
qu. 'Hirsuta'		die jungen Triebe und Blätter sind rot gefärbt und behaart
qu. 'Murorum'		flammendrote Herbstfärbung, kurze, breite Blätter, Triebe häufiger verzweigt
qu. 'Saint Paulii'		oft kleine Luftwurzeln, 12 bis 20 cm lange Blätter, tief gesägt, bis zwölf seitliche Äste
P. tricuspidata	bis 20 m	gut haftend, dreilappige Blätter, junge Blätter oft ungeteilt und viel kleiner
t. 'Aurata'		goldgelbe Blätter, grünlich marmoriert, mit rotem Rand
t. 'Beverly Brook'		sehr kleinblättrig, junge Blätter wie bei der Herbstfärbung intensiv rot
t. 'Gloire de Boscoop'		sehr große Blätter mit ganzjähriger, rotbrauner Färbung
t. 'Green Spring'		sehr große Blätter
t. 'Lowii'		nur 2 bis 3 cm große Blätter, tiefgrün, glänzend, im Herbst tiefrot
t. 'Minutifolia'		sehr kleine Blätter
t. 'Purpurea'		ungelappte, kleine Blätter, ständig rot, drei Wochen frühere Herstfärbung
t. 'Veitchii'		Jugendform mit kleinen, roten, ungelappten Blättern, Vermehrung durch Veredeln

Rosen – einmal blühende Rambler und kletternde Wildrosen

Name	Höhe	Blüte/Duft	Besonderheiten/Sonstiges
'Adélaide d'Orléans'	bis 5 m	hellrosa, rot punktiert, halbgefüllt, groß	kleine Knospe, reich blühend, starker Wuchs
'Alberic Barbier'	bis 3,5 m	cremeweiß, Mitte gelb, in Dolden, dftd.	kleine, dunkelgrün glänzende Blätter
'Albertine'	bis 4,5 m	leuchtend rosa Blütenbüschel, duftend	kräftiger, aufrechter Wuchs, frosthart
'Alexandre Girault'	bis 4 m	rot-lachsf., weißstreifig, gefüllt, duftend	lange, dünne, stachelige Triebe, hängend
'Arvensis splendens'	bis 3 m	rosaweiß, gefüllt, klein, Myrrheduft	starkwüchsig, Blätter bleiben lange grün
'Ayrshire Queen'	bis 3 m	weiß-purpurrosa, halb gefüllt, mittelgroß	kräftiger, kriechender Wuchs, glänz. Laub
'Banksiae Lutea'	3 bis 5 m	gelb, gefüllt, stark duftend, lange grün	frostgefährdet, guter Winterschutz
'Bennetts Seedling'	3 bis 5 m	weiß, klein, leicht gefüllt, leichter Duft	reich blühend, sehr starker Wuchs
'Bleue Magenta'	bis 3 m	rötlich-violett, klein, sehr blattreich	sehr lange, stachelige, kräftige Triebe
'Bobby James'	bis 6 m	cremeweiß, gefüllt, in Dolden, duftend	starkwüchsig, üppig belaubt
'Brenda Colvin'	bis 6 m	zartrosa, große Büschel, intensiver Duft	imposanter, mächtiger und starkerWuchs
'Capreolata Ruga'	4 bis 6 m	zartrosa, halb gefüllt, in Büscheln	reich blühend, starkwüchsig, lange Triebe
'Dorothy Perkins'	3 bis 4 m	kirschrosa, dicht gefüllt, klein,	sehr starker Wuchs, glänzendes Laub
'Exelsa'	bis 3 m	helles Karminrot, klein, große Büschel	überreiche Blüte, kleine glänzende Blätter
'Félicité et Perpétue'	bis 5 m	fleischfarb. weiß, gefüllt, stark duftend	sehr starker, jedoch hängender Wuchs
'Goldfinch'	bis 4 m	hellgelb, verblüht weiß, leicht gefüllt	Blüte in Büscheln, stachellose Triebe
'Helenae'	bis 5 m	weiß, in flachen Dolden, duftend	starker Wuchs, hakenförmige Stachel
'Hyawatha'	3 bis 4 m	karmin, weiße Mitte, goldf. Staubfäden	spät blühend, starkwüchsig, lederart. Laub
'Kirsten Klein'	bis 3 m	rosarot, auffällig, gr. Büschel, duftend	spätblühend, starkwüchsig, sehr gesund
'Leontine Gervais'	bis 2,5 m	rosagelb, halb gefüllt, in Büscheln, dftd	kräftige, gesunde Pfl., gut verzweigter Wuchs
'Lykkefund'	bis 7,5 m	rahmgelb, wenig gefüllt, stark duftend	reich blühend, starkwüchsig, ohne Stachel
'Madelaine Selzer'	bis 3 m	bronzef.-weiß, gut gefüllt, in Büscheln	sehr attraktiv, starkwüchsig, stachellos
'Maria Liesa'	2 bis 3 m	rosa, weiße Mitte, einfach, in Dolden	reich blühend, starkwüchsig, feines Laub
'May Queen'	4 bis 6 m	rosa, geviertel, dicht gefüllt, köstl. Duft	mittelst. Wuchs, feintriebig, überhängend
'Minnehaha'	3 bis 4 m	rosa, zur Mitte weiß, gefüllt, duftend	kräftiger Wuchs, dunkel glänzendes Laub
'Patricia Macoun'	bis 3 m	weiß, leicht gefüllt, wunderbar duftend	Blüten in Dolden, wüchsige Pflanze
'Paul Noél'	3 bis 4 m	gelblich rosa, dicht gefüllt, Teerosenduft	kriechender Wuchs, sehr dicht belaubt
'Paul´s Himalayan Musk'	bis 9 m	zierliche Rispen, kl. blaßrosa Rosetten	langer, kriechender Wuchs, sehr graziös
'Polstjärnan'	bis 5 m	reinweiß, klein, gefüllt, 15–20 Petalen	sehr starker Wuchs, sehr winterhart
'Rambling Rector'	bis 4 m	cremeweiß, in Dolden, köstlich dftd.	goldene Staubgefäße, dicht verzweigt
'Repens Alba'	4 bis 5 m	weiß, einfach, in Büscheln blühend	kriechender Wuchs, winterhart
'Repens Rosea'	bis 4 m	rosa, helle Mitte, Sämling v. *R. alba*	kriechender Wuchs, starke Bestachelung
'R. Filipes Kiftsgate'	über 7 m	cremeweiß, klein ,reichbl., süßer Duft	äußerst starkwüchsig, bis 15 m Breite
'Rosemarie Viaud'	über 3 m	lilaviolett, klein, dicht gefüllte Blüte	braunrote Jungtriebe, stachellos
'Ruga'	bis 3 m	weiß-hellrosa, ballförmig gefüllt, duftend	starker Wuchs, lang. Triebe, sehr winterhart,
'Snowflake'	bis 3 m	weiß, gefüllt, in Büscheln, stark duftend	sehr dünne, glatte, aber stachelige Triebe
'Tausendschön'	bis 3 m	dunkelrosa, weiße Mitte, dicht gefüllt	reich blühend, lange Triebe, stachellos
'Tea Rambler'	bis 3 m	lachsrosa, halbgefüllt, in Büscheln, dftd	reich blühend, kräftiger Wuchs
'The Bishop's Rambler'	bis 4 m	dunkel - purpurrot, gelbe Staubgefäße	leicht hängender Wuchs, gesundes Laub
'The Lady Scarman'	bis 3 m	rahmweiß, halb gefüllt, Moschusduft	Büht spät, aber lange, sehr gesundes Laub
'Treasure Trove'	bis 7 m	lachsrosa gelbe Staubg., lieblich duftend	Dolden, kräftige, bogenförmige Triebe
'Veilchenblau'	3 bis 4 m	purpurviolett, weißes Auge, klein, gefüllt	sehr starkwüchsig, vieltriebig, stachellos
'Venusta Pendula'	3 bis 4 m	rosaweiß, halb gefüllt, mittelgroß	überreich blühend, violett bereifte Triebe

öfter blühende Kletterrosen

Name	Höhe	Blüte/Duft	Besonderheiten/Sonstiges
'Bantry Bay'	bis 2,5 m	hellrosa, halb gefüllt, in Büscheln, dftd.	reich blühend, aufrechter Wuchs, gesund
'Blaze superior'	bis 3 m	feurig scharlachrot, einfache Blüte	sehr lange blühend, stark kletternd
'Goldfassade'	3 bis 4 m	goldgelb, 10 cm groß, gut gefüllt	sehr reich- und öfter blühend, sehr gesund
'Harlekin'	bis 2,5 m	cremeweiß, roter Rand, gefüllt, duftend	kräftiger Wuchs, sehr lange Triebe
'Highfield'	2 bis 3 m	gelb, pfirsichfarben, schattiert, süß duftend	aufrechter, gut verzweigter Wuchs
'Köln am Rhein'	3 bis 4 m	lachsrosa, gefüllt, 8 cm groß, duftend	blüht in Büscheln, glänzend grünes Laub
'Leander'	bis 2 m	apricosenfarb., klein, in Büsch., würzig dftd.	robust, widerstandsfähiges, glänzendes Laub
'Mermaid'	5 bis 7 m	gelb, braune Staubf., 15 cm groß, dftd.	in warmen Lagen dauerblühend, frostempf.
'Morning Dawn'	bis 3 m	weißrosa, voll gefüllt, groß, duftend	starker und aufrechter Wuchs
'Morning Jewel'	bis 3 m	tiefrosa, wohlgeformt, angenehm duftd.	sehr reich blühend, kräftiger Wuchs
'New Dawn'	bis 3 m	zartrosa, gefüllt, in Büscheln, duftend	sehr winterhart, Schnittrose von Adel
'Orange Everglow'	bis 3 m	rotgolden, dicht gefüllt,Teerosenduft	kräftiger Wuchs und stark bestachelt
'Parade'	3 bis 4 m	dunkelrosa, leicht gefüllt, groß, duftend	reich blühend und stark wachsend
'Salita'	bis 2,5 m	orangefarben, gefüllt, leicht duftend	lange, überhängende Triebe, glänzendes Laub
'Santana'	2 bis 3 m	blutrot, wenig gefüllt, leicht duftend	kräftig, aufrechter Wuchs, gesundes Laub
'Scoolgirl'	bis 3 m	orangegelb nach lachsrosa, gut gefüllt	kräftig, großes, dunkelgrün glänzendes Laub
'Super Exelsa'	bis 3 m	dunkelrosa, gefüllt, in Büscheln, leicht dftd.	sehr widerstandsfähig gegen Krankheiten

Bourbon-Rosen

Rosen für Schattenlagen, die aber Winterschutz brauchen und nicht für Südlagen geeignet sind

Name	Höhe	Blüte/Duft	Besonderheiten/Sonstiges
'Blairii No 2'	bis 2,5 m	rosa, gut gefüllt, sehr groß, duftend	reich blühende, stark kletternde Art
'Bourbon Queen'	bis 3 m	rosa, halb gefüllt, 7 cm groß, stark dftd.	reich blühend, starker, aufrecht-lockerer Wuchs
'Mme Isaac Pereire'	bis 3 m	tiefrosa, dicht gefüllt, groß, stark dftd.	kräftige, starke Triebe, doch Winterschutz
'Sombreul'	bis 2,5 m	weiß, rosa überl., 10 cm groß, leicht dftd.	gut blühend, kräftiger Wuchs, hellgrünes Blatt
'Gloire de Dijon'	bis 3,5 m	weiß-lachsrot, gut gef., wundervoll dftd.	Weltrose, aufrechter Wuchs, sehr gesund
'Mme Grégoire Staechlin'	3 bis 4 m	hellrot-pastellrosa, stark gefüllt, groß	kräftige, sehr gesunde Pflanze
'Zépherine Drouhin'	3 bis 4 m	karminrosa, halb gefüllt, mittelgroß, dftd.	regenfeste Blüte, stachellose Triebe

Noisette-Rosen

frostempfindliche Rosen für geschützte Lagen mit Winterschutz, für Kübel geeignet

Name	Höhe	Blüte/Duft	Besonderheiten/Sonstiges
'Aimée Vibert'	2 bis 3 m	weiß, gut gefüllt, mittelgroß, duftend	dauerblühend, fast stachellos, sehr alte Rose
'Alister Stella Gray'	bis 3,5 m	reingelb, gefüllt, mittelgroß, duftend	wüchsige, zielstrebig kletternde Rose
'Blush Noisette'	max. 2 m	lilarosa, gefüllt, mittelgroß, Moschusduft	blüht in Büscheln, fast ohne Stacheln
'Celine Forestier'	1,5 bis 2 m	goldgelb, gefüllt, großbl., in Büsch., dftd	reich blühender Herbstblütler
'Champney's Pink Cluster'	bis 4 m	rosa, halbgefüllt, groß, gut duftend	blüht in sehr großen Büscheln
'Deprez à fleurs jaunes'	bis 6 m	gelborange, gefüllt, groß, stark duftend	geviertelte Blüten, sehr starker Wuchs
'Mme Alfred Carriére'	3 bis 6 m	rahmweiß, dicht gef., kugelig, stark dftd.	Dauerblüher, sehr stark kletternd

Moschata Rose

öfterblühende, schöne Sträucher, die auch als Kletterrosenzu ziehen sind; Winterschutz ist zwingend notwendig

Name	Höhe	Blüte/Duft	Besonderheiten/Sonstiges
'Buff Beauty'	bis 2 m	aprik.-gelb, dicht gefüllt, mtlgr., gut dftd.	dauerblühend, wenige aber starke Stacheln
'Cornelia'	bis 1,8 m	lachsrosa, halbgef., rosettenform, dftd.	kräftiger Wuchs, bronzefarbenes Laub
'Felicia'	bis 1,8 m	lachsrosa, locker gef. , groß, sehr gut dftd.	Blüte wechselt über gelb zu fast weiß
'Ghislaine de Féligonde'	bis 3 m	rahmweiß, in Dolden reichblühend	buschig, rote Triebe, glänzend grünes Laub

Scheinreben (*Ampelopsis*)

Name	Höhe	Information
A. aconitifolius	bis 4 m	Blüte: orangegelb, filigrane, zierliche Blätter, fünfteilig, winterhart
A. a. 'Glabra'	bis 4 m	dreilappige Blätter
A. bodinieri	bis 6 m	Blüte dunkelblau, ganzrandige, dreieckige Blätter
A. brevipedunculata	bis 10 m	Blüte lila bis grünblau, herzförmige, dreilappige Blätter.
'Citroloides'	bis 10 m	fünfteilige Blätter, tief eingeschnitten
'Elegans'	bis 10 m	weiß gefleckte Blätter, rötlich überlaufen, schwächeres Wachstum
'Maximowiczii'	bis 10 m	drei- bis fünfteilige Blätter, bis zum Stielansatz eingeschnitten
A. cordata	bis 12 m	Blätter sind einteilig bis dreilappig, die Blüte ist graublau bis grünlich

Glyzinen (*Wisteria*)

Name	Blütenfarbe/Länge/Sonstiges
W. floribunda	violett, bis 50 cm, duftend, wuchsstark
f. 'Alba'	weiß, bis 30 cm, wenig duftend
f. 'Caroline'	purpurlila bis grau-weiß, duftend
f. 'Domino'	hell lilablau, bis 30 cm lang
f. 'Honbeni'	rosa, bis 30 cm lang, duftend
f. 'Issai Perfect'	hell lilablau, bis 35 cm lang
f. 'Kuchibeni'	weiß, bis 30 cm lang, duftend
f. 'Lawrence'	lilablau, bis 35 cm, schwacher Duft
f. 'Macrobotrys'	hell lilablau bis weiß, bis 60 cm
f. 'Murasaki noda'	strahlend lila, bis 35 cm, duftend
f. 'Rosea'	lilarosa, bis 35 cm lang, duftend
f. 'Russeliana'	dunkelrosa, bis 35 cm lang, duftend
f. 'Royal Purple'	purpurfarben, bis 30 cm lang, duftend
f. 'Shiro noda'	cremeweiß, bis 35 cm lang
f. 'Violacea'	tief violettblau, bis 30 cm, duftend
f. 'Violacea Plena'	kräftig lila, gefüllt, bis 30 cm lang

Name	Blütenfarbe/Länge/Sonstiges
W. formosa (Hybr.)	rosaviolett, bis 25 cm, stark duftend
W. frutescens	purpulila, gelb, stehende Blüte
W. macrostachya	purpurlila, bis 35 cm, zierlicher Wuchs
W. sinensis	dunkellila, bis 30 cm, stark duftend
s. 'Alba'	weiß, bis 30 cm lang, duftend
s. 'Black Dragon'	dunkelviolett, halbgefüllt, bis 35 cm
s. 'Caroline'	tief violettblau, bis 30 cm lang
s. 'Jako'	sehr weiß, bis 35 cm, starker Duft
s. 'Ko fuji'	Zwergform, schwer erhältlich
s. 'Plena'	tieflila, rosettenartig gefüllt, bis 35 cm
s. 'Prolific'	blasslila, weiß gefleckt, Vielblüher
W. venusta	purpur, bis 15 cm lang
v. 'Alba'	weiß, bis 25 cm, schwach duftend
v. 'Alba Plena'	weiß, teilgefüllt, bis 25 cm, duftend
v. 'Violacea'	blauviolett, weiße Zeichnung, duftend

Bezugsadressen

Pflanzen

Clematiskulturen, Friedrich Manfred Westphal, Peiner Hof, 25497 Prisdorf Tel.: 04101-74104, Fax: -781113

Efeukulturen, Abtei Neuburg, Gärtnerei, Stiftweg 2, 69118 Heidelberg, Tel.: 06221-8950

Passiflora, Kübelpflanzen, Jens R. Buddrich, Amselstr. 75, 24871 Schleswig, Tel.: 04621-53224, Fax: 04621-953735

Rosen, Reinhard Noack, Im Fenne 54 33334 Güthersloh, Tel.: 05241-20187

Rosengärtnerei Kalbus, 90518 Altdorf-Hagenhausen, Tel.: 09187-5729, Fax: 09187-5722 Rosenvertrieb: Tel.: 09187-959343

Rosen-Tantau, Tornescher Weg 13, 25436 Uetersen, Tel.: 04122-7084

Rosen-Union, Steinfurther Hauptstr. 25, 61231 Bad Nauheim-Steinfurth Tel.: 06032-82068

W. Kordes' Söhne, Rosenstr. 54, 25365 Klein-OffensethSparrieshoop

Walter Schultheis, Bad Nauheimer Str. 3 – 7, 61231 Bad Nauheim-Steinfurth, Tel.: 06032-81013, Fax: -85890

Lacon, Piazolostr. 4 a, 68759 Hockenheim, Tel.: 06205-7033, Fax:-18574

Rebschule Steinmann, Ochsenfurter Str. 3, 97286 Sommershausen Tel.: 09333-225, Fax: -1764

Flora Mediterranea, C. und M. Köchel, Königsgütler 5, 84072 Au/Hallertau, Tel.: 08752-1238, Fax: - 9930

Ibero-Import, Bahnhofstr. 12, 37249 Neu-Eichenbeg Tel.: 05542-1845, Fax: -6713

Südflora-Baumschulen, Peter Klock Stukmoor 42, 22607 Hamburg Tel.: 040-8991698, Fax: 040-8901170

Mittelbayerische Pflanzenbörse, W. Herrmann, An der Etz 4, 93051 Regensburg, Tel.: 0941-90732

Schädlingsbekämpfung und Nützlingsversand

Fa. Neudorf, Postfach 1209, 31857 Emmerthal, Tel.:01805-638367

Sauter und Steppel, Rosenstr. 19, 72119 Ammerbuch-Altingen Tel.: 07032-957830, Fax: -957850

Öre Bio-Protect, Kieler Str. 41 24223 Raisdorf, Tel.: 04307-6981

renatur, 24601 Stolpe Tel.: 04326-98610

Gartenbedarf

Classic Garden Elements, Goethestr. 27, 65719 Hofheim/Taunus Tel.: 06192-900475, Fax:-902793

Hesperiden, T. Fleischmann, In der Schmalau 4, 90427 Nürnberg Tel.: 0911-305888, Fax: -306311

Country-Garden, Auf den Beeten 12, 72119 Ammerbuch, Tel.: 07073-2372 Schirmer, Weyertal 59, 50937 Köln Tel.: 0221-413605, Fax: -416043

Osmogard, Hafenweg 31, 48155 Münster, Tel.: 0251-692-0

Unopiu, Am Dornbusch 24 64390 Erzhausen Tel.: 06150-97530, Fax: -990983

Interessengemeinschaften

Deutsche Efeugesellschaft e. V., Robert Krebs, Hauptstr. 48, 24890 Stolk, Tel.: 04623-1502

»Hort«, Schutzgemeinschaft Pflanzenerbe Registrierung von Pflanzensammlungen c/o. W. Herrmann, An der Etz 4, 93051 Regensburg, Tel.: 0941-90732

Interessengemeinschaft Passiflora M. Müller, Hauptstr. 145/1 75334 Straubenhardt

International Clematis Society, Walter Hirsch, Hagewiesenstr. 3, 73066 Uhlingen, Tel.: 0763-4196

Mediterranean Garden Society in Deutschland, Frau Signe Groos, Grüntal 10 a, 81925 München, Tel.: 089-985694, Fax: -985126

Verein Deutscher Rosenfreunde e.V., Waldseestr.14, 76530 Baden-Baden Tel.: 07221-31302, Fax: - 38337

Literaturhinweise

Austin, David: Strauchrosen und Kletterrosen. Du Mont Verlag

Callauch, Rolf: Schöne Kletterpflanzen. Ulmer Verlag

Heieck, Ingobert: Schöne Efeus. Ulmer Verlag

Jakob, Anni Grimm, Hedi und Wernt Müller, Bruno: Alte Rosen und Wildrosen. Ulmer Verlag

Kleeberg, Jürgen: Häuser begrünen. Ulmer Verlag

Menzel, Peter und Ilse: Das Kletterpflanzenbuch. Ulmer Verlag

Scarman, John: Gärtnern mit alten Rosen. Christian Verlag

Ulmer, Thorsten und Bettina: Passionsblumen, eine faszinierende Gattung. Erhältlich bei: Th. Ulmer, Hevener Str. 18, 58455 Witten

Williams, Paul: Reizvolle Kletterpflanzen. BLV Verlag

Register

A-Horizont 15
Actinidia chinensis 117
Actinidia kolomikta 116
Akebie 65, 69, 109
Araliengewächse 98

B-Horizont 16
Bahnschwellen 82
Ballenware pflanzen 34
Bäume begrünen 31
Baumschlinge 103
Baumwürger 12, 109
Baustahlmatte 81, 86
Beerenraube 102
Bittersüßer Nachtschatten 110
Blätter, dekorative 66
Blattläuse 44, 45
Blattschneiderbiene 46
Blattwespen 46
Blaugurkenwein 109
Blauregen 26, 112
Blaustrahlhafer 52
Bleiwurz 124
Blütezeitverlängerung 37
Blutpflaume 30
Boden 15
-, alkalischer 19
-, Ermittlung des Säuregrads 19
-, neutraler 19
-, pH-Bestimmung 19
-, saurer 19
Bodenarten bestimmen 18
bodendeckende Kletterpflanzen 31
Bodenkunde 16
Bodentest 19
Bodenvorbereitung 34
Bougainvillea 22, 126
Brombeere 126

C-Horizont 16
Canarina canariensis 120
Clematis 12, 27, 30, 122
Clematis pflanzen 34
-, Stammverletzungen 43
-, Stengelfleckenkrankheit 43
Clematiswelke 43
Clematis 'Alba luxurians' 77
- 'Ascotiensis' 25
- 'Comtesse de Bouchaud 123
- 'Ernest Markham' 123
- 'Gipsy Queen' 15
- 'Hagley Hybrid' 77
- 'Jackmanii' 59
- 'King Edward' 123
- 'Mme. Le Coultre' 123
- 'Nelly Moser' 123
- 'Purpurea Plena Elegance' 59
- 'Södertälje' 15
- 'Victoria' 78
- 'Wada´s Primrose' 56
Clematis durandii semperflorens 51
Clematis heracleifolia 31
Clematis macropetala 97
Clematis montana rubens 56, 91, 122
Clematis montana var. 'Odorato' 63
Clematis ramona 56
Clematis recta 51
Clematis tangutica 122
Clematis viticella 'Alba Luxurians' 59
Clematis v. 'Entel' 77
Clematis v. 'Hagelby White' 59
Clematis v. 'Kommerei' 63
Clematis v. 'Minuet' 51
Clematis v. 'Mme. Julia Correvon 73
Clematis v. 'Purpurea Plena Elegans' 31
Clematis v. 'Royal Velour' 63
Clematis-Hybride 'Niobe' 123
Clytostome 119
Cucurbita pepo microcarpina 69

Dickmaulrüssler 45
Drahtfiguren 81
Drillingsblume s. Bougainvillea
Duftwicken 52, 55, 117
Düngemittel 37
Dünger, organische 37
Düngung 37

Echter Jasmin 30, 63
Echter Mehltau 44
Echter Wein 69
Efeu 'Aureoviegata' 98
Efeu 'Goldheart' 73, 98
Efeu 9, 10, 26, 30, 59, 60, 61, 64, 65, 67, 71, 73, 78
Efeu, Altersform 99
Eichenholz 81
Eisensäulen 28
Erhaltungsschnitt 40
Erziehungsschnitt 39

Falscher Mehltau 44
Fassaden begrünen 25
Fassadenschäden 42
Ferramol 44
Feuerbohne 54, 55, 104
Feuerdorn 69, 127
Flaschenkürbis 69
Formschnitt 39
Frostschutz 22
Frostspanner 47
Fruchtspaliere 68
Funkie 74
Fusariumwelke 42

Gallmilben 46
Gallwespen 46, 47
Gartenbauvorschriften 20
Geißblatt 23, 59, 60, 64, 68, 69, 71, 111
Gießen 37
Glanzkäfer 47
Glockenrebe 52, 117
Glockenwinde 64
Glyzine 9, 26, 40, 67, 72, 73, 74, 79, 112
Glyzine pflanzen 35
Gold-Clematis 26
Goldwaldrebe 71

Häckseln 37
Haftscheibenkletterer 11
Hallimasch 43
Hanfgewächse 104
Hausfassade begrünen 25
Heckenkirsche 111
Hiffenmark 69
Hippe 38
Holzarten 80
Honigtau 45
Hopfen 44, 52, 65, 113
Hornspäne 37
Humusboden 18, 19

Immergrüne 61

Japanhopfen 55, 104
Jungfernrebe 11, 14, 38, 59, 64, 67, 73, 99

Kalkboden 17
Kapuzinerkresse 36, 52, 56, 70, 71, 96, 118
Karl der Große 6
Kesseldruckimprägniert 81
Kiefernholz 81
Kiwi 68, 116
Kletterer für Halbschatten 23
- für Schatten 23
- für sonnige Plätze 21
- in Kübeln 21
-, einjährige 21
Kletterhilfen 24
Kletterhilfen bauen 80
Kletterhortensie 24, 64, 67, 73, 100
Kletternder Spindelstrauch 68
Kletterpflanzen kombinieren 27, 30
Kletterpflanzen mit Früchten 68
-, einjährige 54
-, bodendeckende 50
-, duftende 62, 63
-, immergrüne 61
-, krautige 52
-, rauchharte 71, 72
-, schattenverträgliche 64, 65
-, schnellwachsende 56, 57
-, variable 71
Kletterrose ' Mme. Pereire' 77
- 'Abraham Darby' 91, 128
- 'Alberic Barbier' 63, 77, 130
- 'Alchimist' 71, 129, 130
- 'American Pillar' 13, 130
- 'Bantry Bay' 25
- 'Blaze Superior' 128
- 'Bobby James' 130
- 'Buff Beauty' 63
- 'Compassion' 74, 129, 130
- 'Danse du Feu' 130

- 'Dortmund' 130, 131
- 'Felicité et Perpétue' 77
- 'Flammentanz' 131
- 'Ghislaine de Félingonde' 77
- 'Gloire de Dijon' 91
- 'Golden Olymp' 26, 131
- 'Golden Rambler' 27
- 'Goldstern' 59
- 'Gruß aus Heidelberg' 26, 128
- 'Ilse Krohn Superior' 63, 131
- 'Léontine Gervais' 63, 77
- 'Lykkefund' 77
- 'Maria-Lisa' 30
- 'Mme. Gregoire Staechlin' 77
- 'New Dawn' 26, 59, 63, 73, 77, 132, 133
- 'Parkdirektor Riggers' 26
- 'Paul Noel' 77
- 'Paul´s Scarlet Climber' 59,132, 133
- 'Ramira' 26
- 'Rosarium Uetersen' 132, 133
- 'Super Dorothy' 132
- 'Sympathie' 133
- 'Veilchenblau' 133
- 'Venusta Pendula' 133
- 'Zéphérine Drouhin' 77

Kletterrosen 22, 76
Kletterrosen schneiden 41
Klettertrompete 73
Knöterich 64, 115
Kompostdünger 37
Korallenstrauch 125
Krankheiten 42
Krume 15
Krümelprobe 17

Lauben bauen 94
Laubengang 64
Lehmboden 17
Linkswinder 12
Linkswinder pflanzen 35
Lonicera brownii 'Fuchsioides' 110
Lonicera heckrotii 111
Lonicera henryi 111
Lonicera peryclenum 63
Lonicera peryclenum 110
Lonicera tellmanniana 110
Lößboden 17
Luftverschmutzung 72
Lysimachia ummularia 52

Mauern 24
Maurandie 52, 55, 114
Mergelboden 17
Mondsame 69, 74, 113
Moorboden 17
Mulch 37
Muttergestein 16

Nacktschnecken 45
Nematoden 45

Ohrwürmer 45
Osterluzeigewächse 114

P*arthenocissus quinquefolia* 99
Passionsblume 51, 69, 119
Patissonkürbis 'White Bush' 69
Pavillon 60
- bauen 95

Pergola 28, 29
- bauen 93
- bepflanzen 34

Pfeifenwinde 56, 59, 67, 74, 114
Pfeiler bauen 84
Pfeilerdoppelreihe 29
Pfeilerformen 29
Pflanzen an Hauswänden 34
Pflanzenkauf 23
Pflanzenkombinationen 58
Pflanzlöcher ausheben 34
Pflanzung 34, 35
Pflanzung vorbereiten 34, 35
Pflege 36
Prunkwinde 52, 105
Purpurglocke 106
Putzschäden 42
Pyramiden bauen 83

Quetschblume 121

Rambler-Rose 69, 70
Rambler-Rosen schneiden 41
Rambler-Rose 'Rambling Rector'
Ranken 10
Rankende Kletterer 116
Rankgerüst bauen 88
- montieren 89
-, Bepflanzung 89
-, wegklappbares 91

Rebe 67
Rechtliche Probleme 42
Rechtswinder pflanzen 35
Reinigungsarbeiten 37
Rhodochiton atrosanguineus 'Rosenkelch' 63
Rosen 13, 58, 129
Rosen, Erziehungsschnitt 41
Rosenblattrollwespe 46
Rosenbogen bauen 92
Rosenkelch 106

S*alvia nemerosa* 52
Sandboden 17
Säulen 28
Säulen bepflanzen 34
Säulenallee 28
Säulenpergola 66
Schädlinge 42
Schattenplätze 24
Scheinrebe 30, 56
Schildläuse 46
Schlinger 11, 12, 102 ff.
Schlingknöterich 29, 36, 56, 115
Schmierläuse 46
Schnecken 44
Schnitt 38
Schnitttechnik 39
Schnittwerkzeug 38
Schnittzeit 38
Schönranke 52, 118
Schwarzäugige Susanne 52, 107
Selbstklimmer 98 ff.
Sitzecke 58
Sitzplatz 74
Solandra maxima 63
Spindelstrauch 60, 67, 101
Spindelstrauch 'Silver Queen' 64
Spreizklimmer 11, 13, 124 ff.
Standort 20
Sternjasmin 60, 106
Sternrußtau 44
Sternwinde 105
Strahlengriffel 30, 116

Teakholz 81
Tierfiguren bauen 86
„Tipi" bauen 85
Tonboden 17
Topf einpflanzen 31
Trichterwinde 105
Trompetenblume 56, 67, 71, 101

Ueberwinterung 36
Umtopfen 36
Unterboden 15

Verjüngungsschnitt 41
Virose 42

Waldrebe 122
Waldrebe, Aufrechte 51
Wall, künstlicher 82
Wände 24
Wandelpergola, Bepflanzung 30
Wattakakaschlinge 108
Weinrebe 68
Werkzeug 80
Wilder Wein 10, 25, 74
Winder 11, 12
Winterjasmin 60, 128
Wisteria 'Macrobotrys' 112
Wuchshilfen 35
Wundverschluss 38
Wurzelkletterer 11

Zaunbegrünung 27
Zaunwinde 108
Zeigerpflanzen 18
Zierkürbis 68
Zikaden 47